されど“服”で人生は変わる

齋藤 薫 *Kaoru Saito*

講談社

されど〝服〟で人生は変わる

たかが服、されど服

たかが服、されど服……人生をやっていく上で、人は何度となくそういう心境になるはずだ。〝たかがオシャレ〟と甘く見ていると、人は着る服に手ひどく裏切られたりするし、オシャレなんて取るに足らないもの、とないがしろにすると、いきなり服に人生を狂わされたりする、そういうものなんじゃないだろうか。

そこでいちいち、「されども服ってやっぱり重要」と、そう思い知らされる。言い換えれば、「たかが服」とオシャレを軽んじたからこそ、逆にオシャレの重みがわかっていくということではないのか。

おそらくは、オシャレのことで頭がいっぱいの時ほど、じつは服の意味が見えていないものなのだ。

若い頃は存分に、それこそオシャレのことばっかりで、「たかがオシャレ」なんて到底思えない。いや、まだ若いうちはそう思うべきじゃないのかもしれない。しかしキャリアを積んでも積んでも、依然としてオシャレのことで頭がいっぱいだったら、やっぱり辛い。それもまたどこかで、人生に支障をきたすはずなのだ。

つまりオシャレに夢中な時は見えないもの、たかがオシャレと思えてはじめて見えてくるものがあるって、まずは知ってほしい。「人生はある部分、服に牛耳られている」という事実を。

だからこれは、そういう人生の節目節目に読んでほしい一冊である。もっと言えば、人生、なんだかうまく運ばないと、そう思った時に読んでほしい一冊なのだ。ひょっとしたら人生につまずくのも〝たかが服のせい〟だってことを疑ってほしいから。なんだか恋愛が決まらない、なんだか不幸感が取り払えない、それもひょっとしたらオシャレの小さな間違いが原因だって、少しでも気づいてほしいから。

そしてもちろん、オシャレする意味が見えなくなってしまった時、オシャレする意欲が減退してしまった時、その結果自分がどんどんくすんでいくのを止められない時も……。

ハッキリ言って、オシャレの勉強なら、ファッションページの写真とスペックを見ていれば充分である。でももし、服と〝見た目〟と、人の運命は、明らかに連動してると何となく気付いたら、ここへ来てほしい。人生を服で読み解き、生き方を服で正す本！

されど〝服〟で人生は変わる　Contents

1

服で損をしていると感じる人へ――

〝愛され服〟のウソ・ホント

みんなちょっと誤解してる〝愛される〟ということの意味

〝愛されること〟、それを〝可愛いこと〟と無理矢理訳す傾向、ひょっとすると以前よりも露骨になっているのかもしれない。

でもまずは考えてほしい。〝愛される〟って、そんなに簡単なことだろうか？　そんなに単純な話だろうか？　愛されることはたぶん、女の人生における最大のテーマにして最大の難問。可愛い服着て愛されるならそんな楽なことはないが、男はそれほどバカじゃない。

〝愛されること〟を急ぐあまり、私たちは〝愛される方法〟をどんどん簡略化し、気がつけば何となくぼわっと可愛い服を〝愛され服〟などと名づけていた。でもそれは、〝5〟を四捨五入して〝10〟にしてしまうくらいに乱暴なこと。見事にわかりやすくなったけど、そこにあるのは、〝男ってこの程度〟という甘い読みと、そして女たちの願望。

つまり、〝愛されるため〟と言いながら、結果的にはその答えを自分たちの都合のいいように曲げ、じつは自分たちがいちばん着たいものを〝愛され服〟と名づけてしまった。これだよね、これだよね、と女同士で決めてしまった〝愛され服〟……それは結果として〝女受け〟の服になっていたと言ってもいい。

考えてみると、それは女が少女の頃に〝いちばん着たかった服〟によく似ている。可愛いと言われたい、そして愛されたい……あの頃素直にそうイメージした服が〝愛され服〟のベースとして甦ってしまったのではないか。だからちょっと甘すぎる。そこに大人の女の媚びとエロみがかぶさってきてしまうのだ。

〝愛される〟って要は媚びること、と決めつけている女も未だ少なくないし、媚びられたい男もたくさんいる。だって世の中にはメイド服がいちばん好きな男もいるのだもの。

でも、だから〝愛され服〟の定義が安易すぎると、やっぱり安易な男にしかアピールしない。私たち女がテーマにしている〝愛される〟って、そういう愛だろうか？　もっともっと次元の高い愛なのじゃないか？　だから、もう一度考え直してみたいのだ。愛されるって、どういうこと？

ひとつ決定的なことを言うならば、〝愛され服〟とは、服を愛されるんじゃなく、あくまで自分への興味に引きこむこと。まずはそこを再認識することから始めよう。

男が求めているのは、むしろ〝頭のいい女〟？

私たちが見逃しているいちばん大きなことは、男も結局、〝頭のいい女〟が好きっていう事実である。

愛されるためには、キレイでなきゃ、オシャレでなきゃ、上品でなきゃ、そしてもちろん可愛くなきゃ……そこまではみんなちゃんと考えるのに、頭が良さそうじゃなきゃ……と思う人は、あんまりいない。しかし、実際男たちに聞くと、誰かを好きになる上で〝頭がいいこと〟は、言わばひとつの大前提。いくらキレイでもオシャレでも、〝頭が悪い女〟は、もうその時点で外されていく。

もちろん〝その場限り〟ならば逆に〝頭がいいこと〟は邪魔になってしまったりするのかも

しれない。でもその分〝本命〟には不可欠な条件となる。男と女って、結局そういうものじゃないのか？

ただし、断るまでもないけれど、ここで言う頭の良さは、勉強ができることじゃない。いい大学を出ていることじゃない。あくまでも人としての頭の良さ。

だからその社会的な偏差値を証明するのは、結局のところ〝会話〟と〝見た目〟だけ。ゆえに〝愛され服〟こそ、むしろ〝頭が良さそうに見える服〟、でないといけないのである。

もちろん〝頭が良さそう〟には〝可愛さ〟もしっかり組み込まれている。四角四面のストイックなだけのファッションでそういう頭の良さが伝わるはずもない。むしろ〝センスの良さ〟こそ〝頭の良さ〟。だから、可愛さがスパイスとしてきちんと効いているのは当然のこと。

つまり頭が良さそうなファッションって、要はちゃんと頭を使って考えられた結果の装いなのだ。言いかえれば〝頭が良さそうなこと〟こそスタイルがあること。頭が良さそうなコーディネートこそ、目に見える〝洗練〟なのである。

そういうことも含めて、もう一度組み立て直してみる。「愛される服」ってどんな服か？〝頭が良さそう〟がにじみ出るファッションってどんな装いだろう……と。

男たちは、スーツを着てセクシーに見える女が好きだった

今までの〝愛され服〟の概念からいくと、真っ先にそのリストから外されてしまうのが、〝スーツ〟である。けれども、男たちの声をていねいに拾うと、〝男はけっこうスーツが好き〟なことがわかってくる。

ただし彼らは、単純にスーツというアイテム自体が好きなのではなさそう。むしろ彼らは〝スーツが似合う女性〟が好きなのだ。

オフィス街でスーツ姿の美しい女性に出会うとついていきたくなる……仕事場でいつもはラフな服の女性が、たまにスーツでビシッと現れると、あらためて〝一目惚れ〟しそうになる……そういう声を今、本当によく耳にする。

スーツって、きっとその人の中に潜んでいる〝頭の良し悪し〟みたいなものを露骨に表面化させてしまうのだろう。特にオフィスやオフィス街で見るスーツ姿が美しいかどうかは、すなわちその人が有能かどうか、本当にカッコイイ女かどうかのリトマス試験紙。たぶんいくらス

タイルがよくっても、仕事のできない鈍重なタイプには、スーツは似合わない。スーツって、じつはそこまで厳密な服なのだ。〝デキること〟を条件とする服なのだ。

そうそう、学生の頃に初めて着た〝リクルートスーツ〟、思い出してみてほしい。ほとんどの学生のスーツが、サイズは合っているのに体に合っていなかった。なのに、もういっぱしTV局のアルバイトなんかでちゃんと働いちゃってる女子学生には、グレーの味気ないスーツも見事によく似合い、見方によってはもうセクシーに見えたりもした。

たぶん仕事ができる女ほど、スーツがセクシーに見えるのだ。仕事もせずに見てくれだけデキる女を演出しようとすると、スーツの神様が怒ってその人をダサい女にしてしまう。

ともかく仕事のキャリアを積むほどに、そして仕事ができるようになるたびに、スーツ姿がどんどんカッコよくなっていく。そういうタイミングに、オフィスやオフィス街でスーツを着たあなたは、どこかから〝一目惚れ〟されているに違いない。もちろん〝本命〟として。

〝ヒマそうな女〟より〝デキそうな女〟を選ぶ時代

いつも思う。人って、オシャレすればするほど〝ヒマそうに見える生き物〟なのだってこと。

たとえばだけれど、ネイルアートに凝りまくれば、それだけで〝ヒマしてる女〟に見えてしまう。髪型がいつもめまぐるしく変わる人、いつもやりすぎなくらいスキのないオシャレをしている人って、やっぱりいろんな意味で〝ゆとり〟ありすぎの女に見えてしまう。

もちろん〝自分に手間をしっかりかけること〟を揶揄するつもりなどない。でも、美容ばっかりしている女には見られたくないだろう。オシャレばっかりしている女には見られたくないだろう。それは同時に〝何も考えてない女〟をイメージさせ、同時にちょっと〝退屈な女〟をイメージさせてしまうから。

ファッションってある意味とても饒舌で、特に異性に対しては目に見えないこともいろいろ語ってしまう。女同士の評価はどこまで行っても、どれだけキレイか、どれだけオシャレか、しかないけれど、男が女のファッションを見る時は、もっと奥にある〝目に見えていないところ〟までの測定に及ぶ。

彼女は家に帰るとどんな格好をしている女なのだろうかとか、この女は男の親にどういう接し方をするのだろうかとか、また彼女はひょっとして自分よりも収入が多いのじゃないだろうかとか、30年経ったらどんな風貌になっているのだろうかとか、けっこう細かな項目までを一瞬のうちに推し量る。そのへんの男のカン、男の想像力ってなかなか大したもの。やはりそういう時の男の判断は自分の人生を大きく左右することだから、魂が入ってしまうのだろう。

ちなみにこういう場面での男の目は女の目よりも正しく冷静。女はどうしてもいろんなものを無意識にお金に換算しようとするけれど、男はそういう換算はあまりしない分、どんなファッションからでも、女の内面を探り当てられるのだ。

その時、何を望むのか？　言うまでもなく〝女として優れていること〟である。頭のよさはもちろんだが、家のことも、人付き合いもうまい女であること、そして生きることそのものが上手な女であること。そこを見ているのだ。だって一生一緒に生きていくことになるかもしれない女だもの。女として、人間としても、優れていたほうがいいに決まってる。

だから女はヒマそうに見えちゃいけない。変に忙しそうに見えるのもガサガサして見えて損。だからこそ、デキる女。デキるからこそ、ヒマじゃない。忙しくてもそう見えない女が美しい。

〝デキそうな女〟はどこがどうデキそうなのか?

少し前、いわゆる〝エディターズバッグ〟がブレイクした。文字通り、がっちり仕事をしている女にはとても重宝な構造をしていて、A4サイズのノートなりパソコンなり書類が入ることが約束。たくさんのポケットには仕事小物が見事に整理されてしまう。

どう見たってヒマそうには見えないし、ちゃんとクリエイティブな立場の仕事にあるのをほのめかす。同様に、少しガッチリした靴や、太めのヒールもまた、〝デキそうイメージ〟を醸し出すものと言えるだろう。有能な女なら、点滅する信号も迷わず駆け抜けて、仕事の約束に遅れることなく到着するはずで、そのあたりの行動イメージが、靴まわりにそこはかとなく出るからである。

でも逆に、ピンヒールでも有能そうに見えたら本物。キャリアを積むほどにピンヒールが

〝遊び〟ではなく〝仕事〟の匂いを醸し出してくるはずで、オフィス街ではそれほどカッコイイものもない。

さらには、気の利いた小物をさりげなくコーディネートできていること、だから服はあくまでシンプルであること。小物は服本体がシンプルであればこそ、しっかり効力を発揮するものなのだから。

そもそもオシャレにおいて、いちばん頭のよさを香らせるのは、服より小物が目立つコーディネートかもしれない。ちゃんと考えて服を着ていて、誰とも一緒じゃない自己表現ができて、しかもその自己表現がさりげない……。〝シンプル服＋小物〟は、いわゆる〝地味派手〟の究極の形で、私ってこんなにスゴイ女よという自己顕示欲にはつながらないように、極めて優れた自己表現をする。だからデキる匂いを上手に放つのだ。

そしてもうひとつは色づかい。やっぱり何のかんの言っても、モノトーンはいちばんデキそう。黒のシンプルな服がどこまで美しく華やかに見えるか。そこも、その人がもともと持っている知性の量に関わってくる。モノトーンが地味にならずカッコよく見える女は、それだけで理屈ぬきにデキそう、なんである。

そしてまた配色の美しさだけで見る人をハッとさせられるセンスは、やっぱりデキる女だけのもの。色づかいの上手は、ある種数学的な頭のよさを想像させるのだ。

どちらにせよ服には、偏差値が丸見えだ。ファッションってコワイ。そしてスゴイのである。

他人《ひと》の服見て、我が服直せ

人は世界中で、自分だけを見られない。だから鏡を1時間に1回

世界中で、自分を見られないのは自分だけ……そんな格言がある。言うまでもなく、人はみんな〝ひとりよがり〟になりがち。意識して〝客観性〟というものを抱えもっておかないと、人は危なく偏っていきがちだ、そういう意味である。

でもそこにはもうひとつ、自分の姿形を物理的に、直接ナマで見られないのは、悲しいことに自分だけ……そういう意味も含まれているはずなのだ。犬に鏡を見せても目をそらしたりするのは、自分が犬だと認めたくないから……なんて言われるが、犬もその気になれば、「ボクは人間だ」ってずっと信じたまま生きられるくらい、自分は自分を見られない。他人の姿はどんな角度からでも自在に見ることができるのに、自分自身は鏡にうつす以外に、自分を見るすべがないなんて、なんと皮肉なことだろう。

でもだから、人は意識的に定期的に自分をチェックし続けないといけないのだ。何をすればいいの？　というなら、1時間に1回、鏡を見ること。まずは、家で服を着る時には鏡の前に納得するまでいてほしい。取っかえ引っかえ、これでいいと思うまで鏡の前にい続けてほしい。さらに日中、外出先で鏡を見つけたら、できる限り全身をうつしてみてほしい。頼りになるのは、基本的に鏡だけ。一日中、鏡の存在を忘れずにいてほしいのだ。

何時間も鏡を見ずにいたら、マスカラがにじんで醜いパンダ目になっているかもしれないし、背中でブラウスのヘリがスカートからハミ出しているかもしれないし、スカートがシワくちゃかもしれない。いや、鏡を見ないですます日ほど、とんでもないことが起こっているもの。気づいた時には〝あとの祭り〟。自分チェックをおこたると、人ってそれだけみっともなくなっちゃうんだって思い知ることが、何より大事なんである。

キレイな人って、早い話が〝鏡を人よりたくさん見る人〟、〝人より多く化粧直しする人〟……そう言い切ってしまってもいい。スカートがめくれあがっていたって、教えてくれるのは、結局おせっかいオバさんしかいない、あとの人は面白がるだけのせちがらい世の中。自分チェックは息をすることの次に大事、そのくらいの意識で一日中鏡をさがし続けてほしい。

あの人はどこが違うの？　どこが正しいの？

〝ひとりよがり〟にならないための、〝自分チェック〟にはもうひとつ、アカの他人を勝手にファッションチェックするという方法がある。

街を歩いていて、あるいはまた通勤電車の中で、ハッとするほどステキな人を見つけたら、その人のどこがどう正しくて人をハッとさせるのか。逆に〝なんか変〟っていう人を見つけたら、その人のどこが間違っているのか、それをイチイチその場で解析する。単に良い悪いの採点をするだけじゃなく、意地悪な辛口ファッションジャーナリストになったつもりで、自ら〝寸評〟を加えるのだ。

最初は何が良くて何が悪いのか、まったくわからなくても、数をこなすうちに良し悪しのキモは必ず見えてくる。なぜなら、ステキな人にはステキな人の共通点があり、変な人には変な人の共通点がある。必ずある。それが、たくさんの実例を見るほどに何となく見えてくるものなのだ。

そこでいい加減でもいいから、ステキの理由、間違いの理由をふたつずつ見つけてほしい。少なくとも、そのうちひとつは当たってる。すると、変な人の共通点が靴にあること、に気づいたり、単品で合わせるジャケットやカーディガンが全身を安っぽくしているケースがとても多いことを知ったりする、という具合……。

逆にハッとするほどステキな人は、どの人も服自体は不思議に地味だったりする。なぜ地味なのに目立つの？　なぜ地味なのに華やかに見えるの？　そんなふうに突きつめていくと、〝オシャレは確かに服じゃなく、むしろ小物でするものなのだ〟という真理が見えてくる。

で、そうやって見えた〝ステキの理由〟は、必ず自分でも真似てみること。真似ないと身につかない。逆に、悪い例はいちいち自分のワードローブに置きかえて×をつける。〝あ、あの茶のジャケットはけっこう鬼門だ〟というふうに。間違ったオシャレも鼻であしらわない。自分に置きかえるために、他人のオシャレがあるのだ、くらいに考えて。

ともかく、他人のふり見て我がふり直せ……オシャレ疲れから脱け出す方法は、むしろ他人の装いにある。

感じの悪い同性の視線がバロメーター

街を歩いていて、あるいは通勤電車で、ハッとするほどステキな人って、一体どのくらいの割合で存在するのだろう。いやたぶん、意外なほど少ないはず。青山、表参道あたりでは、2分間に1人くらいは出くわすかもしれないが、通常は2時間歩いて、1～2名……。いや一日出会わないかもしれない。ふり向くほどステキな人って、そうはいないはずなのである。

みんな確かに、オシャレはちゃんとしている。けれど、ほとんどが〝あと一歩〟、ステキのレベルに届かないでいる。そう、今の日本の女は大多数が〝あと一歩〟。いいものをもっていながら、もうひとつイケていない残念系、〝もったいない系〟が圧倒的なのである。

じゃああなた自身はどうだろう。他の人から見て〝残念な女〟〝もったいない女〟と言われてしまってはいないだろうか。困ったことに、その〝あと一歩〟のカンジは、自分にはわかりにくい。一応、今どきのオシャレをとどこおりなくやっていて、何も落ち度はないし、頑張ったつもり。たぶん私はイケている……でもそう思った日、自信のある日、街を歩いていて人の視線を感じるだろうか。

女は、オシャレな女を必ず見る。いや厳密に言うと、自分よりもオシャレな女、自分よりもステキな女は決して見逃さないものなのだ。自分のほうが1点でも勝っていると思えば、視線をチラリとも向けはしないが、わずかでも負けていると思った女は、最低3秒は目を留める。上から下まで続けて見る。

だから、けっこうカンジの悪い同性の視線を複数感じる日は、ちゃんとイケてる日。オシャレしたつもりでもそういう視線をほとんど感じない日は、〝もったいない女〟になってしまっていること、思い知るべきなのである。そしてもう一度、オシャレをし直すべきなのである。

派手な服で目を惹けない……それがコワイ、今のオシャレ

では何が残念なのか？　何がもったいないのか？　それは、オシャレ自体に間違いはないが、ぐいと視線を引っぱってくる〝わかりやすい洗練〟がないこと。いや、もっとマズイのは、よく見るとけっこう派手なのに、パッと見、目立たないこと。今時は、派手にしないと気

がすまない人も多くなったが、派手なのに人目を惹かないという、じつに〝効率の悪い派手さ〟にハマっちゃっている、文字通り〝もったいない系〟の見本のような人も少なくない。

たとえばハンガーにかかっていた時は、気が引けるほど派手なのに、それを着て出かけると、なぜだかみんなの中にすっかり埋もれてしまう服があったりはしないだろうか。

また、ヒョウ柄の服を着た時、目立つはずなのに埋もれていることに気づいたことはないだろうか。これは派手な服ほど、そこにハッキリと、洗練なり斬新さなりがないと、逆にまったくパワーがなく存在がかすんで見えたりする証。派手な分だけ、安っぽく見えるからである。だったら地味で目立たないほうがよほどいい。近ごろは、派手さにマヒしてきている人も多い上に、街に派手な服があふれてて、当然こういう〝埋もれる派手〟も増えていく。ハンガーにかかった派手には逆に要注意。人が着てこそ華をもつ服が洗練のある服だって覚えていて。

ちなみに、派手な服を着ているのに人の視線が集まらないとしたら、それこそが〝埋もれる派手〟に陥っている明らかなサイン。派手な服を着ている日って、とかく自己満足になりがちだが、それを避けるためにも、他人の視線にちゃんと留意して。一回でもそういう埋もれ感を感じた派手は、時代とズレている証拠、潔く脱ぎ去ること。

〝鏡の見方〟をもう一度おさらいする

自分チェックは〝鏡を見るしかない〟と言った。でも、ただ鏡の前に立つだけで、肝心なものを何も見ていない人がいる。見ているつもりで何も見ていない人がいる。だからあらためて考えてみた、〝鏡の見方〟。

まず鏡の前で行うべき、いちばん大切なことは〝比較〟である。服を着てただ鏡を穴があくほど見つめても、たぶん何も見えてこない。そのコーディネートでいいのかどうかを見極めるためには、他のコーディネートと〝見比べる〟ことが不可欠なのだ。

お店で服を試着する時も、買う気満々の日は、必ず2着3着をもってフィッティングルームに入るはず。その中でどれがいいか比較をすると、似合うものと似合わないものが見事にハッキリ見えてきて、比較をするから諦めもつくし、決断もできる。比較をしなかったら、いいも悪いも確信が持てないはずなのだ。

ましてや家でのコーディネートは、限られた服の中でやりくりしつつ〝より良いコーディネートを見つける〟しかないわけで、そこは納得がいくまで、取っかえ引っかえ比較を繰り返して、ベストをさがしていく。忙しい通勤前、そんな時間などあるわけがないと言う人も、せめて二者択一くらいはやってほしいのだ。その比較こそがすなわち〝自分チェック〟の客観性となるからである。まず、今日どうしても着たいアイテムをひとつ決める。ブラウスでも、スカートでも、パンツでも、ネックレスでも、靴でも。時にはバッグでもいい。その一品を固定化し、他のアイテムで合いそうなものをどんどん変えていく。ただ体に当てるだけじゃなく、ちゃんと着てみてほしい。必ず確信のコーディネートが見つかるはずだ。

従って、正しい〝鏡の見方〟の約束は、なるべく全身が入る鏡と、5～10分程度の時間のゆとり。この2つさえあればセンスがなくてもコーディネートはどんどんうまくなる。あれよこれ、これよりあっち、比較が必ず揺るぎない正解を教えてくれるだろう。

一緒に買い物するのは、母親か彼氏

もうひとつの〝客観性〟は、文字通り自分以外の人の目を借りること。ただしこれは、相当に親しい間柄でないといけない。

女友だちでも、大親友くらいの親しさでないと、本音が出てこないから、間違った買い物をしかねないのだ。大して似合っていなくても、「うん、似合う似合う」と言ってしまうのが女同士。「それいいじゃん。買っちゃえば?」とけっこう無責任に買い物をあおるのが女同士……。

どういうわけか、女は女同士で買い物をすると、相手にちゃんと何かを買い物してほしい生き物。もちろん、友だちがあまりにもお買い得なものを見つけたり、自分には買えないものを平気で買おうとするのは少し悔しいけれど、でも一緒にショッピングする以上は、何かをちゃんと買ってほしいというのがけなげな女心。だからこそ、そういう煽りに乗せられてはダメ。

逆に、母親の目はやっぱりあなどれない。目先のオシャレじゃなく、娘の幸せまでを視野に入れながらの〝助言〟をするから、じつはすごく信じていいのである。

今どきの親は、娘を地味に見せようなどと思っちゃいない。なるべく〝高い女〟に見せたいと思っているはずで、そういう意味では、一緒に買い物に行ってもいいが、自宅通勤なら、毎朝外出前に「どーお」と〝母親チェック〟を受けるのがいい。心から娘のキレイを願っている母親チェックほど、強力な客観性はないのだから。

そして、彼氏とのデートに着る服は、できれば彼氏と一緒に買いに行く。男の目は意外な服を選ぶもの。自分だったらぜったいに買わない服も、男から見て〝いい女〟を作る服ならぜひ試してみてほしい。それを着た自分を見ることで、自分の中に眠っている魅力発掘にもなるはずだ。ましてや男は単純。自分の選んだ服を着ている彼女がなおさら愛おしく思えたりして。愛され服選びに悩んで悩んで疲れきってしまうくらいなら、一緒に買いに行く。愛され服選びは、やはり彼氏の目に勝るものはないのである。

スタイルって要するに〝スタイルがよく見えること〟

「あの人は、スタイル抜群！」そんなふうに、日本語の〝スタイル〟はプロポーションと同じ意味に使われるが、英語の〝スタイル〟は体つきについては用いられず、あくまで服や髪や生活様式のみを語る言葉。

でも、日本語の〝スタイル〟が示す通り、それは、プロポーションも含めた様式美である気がする。スタイルを持つとは、何も自分の主義やこだわりを頑なに守り通すことではない。むしろ、自分がどんなものをどう着たらいちばん美しく見えるのか、その決定的なカギを見つけることなのだ。

たとえば、シャネル・スーツが20世紀モードの生んだ究極の様式美とされ、〝シャネル・スタイル〟として現代も生き続けているのはなぜか？　それが〝洗練〟の揺るがぬモデルであるのは、もちろん誰が着ても必ず〝スタイルが良く見える〟から。誰が着ても、ほっそりと女らしいプロポーションに見えるからである。

たとえば、ヒザ頭がちょうど隠れるくらいのスカート丈や、適度なゆとりを持ったタイトスカートのシルエットは、それだけで体型補整効果を持ち、カーディガンタイプのジャケットと、胸もとにジャラジャラとあしらったビジュー……それは不思議に女を華奢《きゃしゃ》に見せる力を持ったと思う。いや、太っている人は華奢に、やせすぎの人は華やかにと、両面で女の体を美しく見せるマジックをそれは持っていた。

それがすべて計算ずくだったかどうかは知らない。けれど、それがひとつのスタイルとして半世紀後も生き続けることを、ココ・シャネルはどこかで確信していた気がする。なぜならココ・シャネルは自分自身もそれをトレードマークのように好んで着ていた。自分をいちばん美しく見せるスタイルであることをよく知っていたからだろう。

だからマドモアゼル・シャネルは究極の〝スタイルのある人〟……。同じように自分をいちばん美しく見せる様式美、探し出してみてほしい。

最後は雑誌のスタイル、丸ごとコピー

オシャレは、永遠に答えの出ないナゾ解きみたいなもので、女はずっとずっと悩み続ける。心からオシャレを楽しめている人って、じつはひと握りで、着たいものはいっぱいでも、お金が足りない時期があったかと思えば、何を着ていいかわからない時期もある。これでいいの？　これでいいの？　と思っているうちにトレンドがうつり変わっていってしまうから、気がつけばオシャレが中途半端で終わるのは毎度のこと。もちろん、コーディネートをピシッと決めたいのに決まらないという欲求不満もずっとずっとつきまとう。

しかしそういう欲求不満があるうちはあなたのオシャレも大丈夫。〝ひとりよがり〟になっていない証拠だから。ただ28歳くらいで女は一度、無理やりにでもオシャレを完成させておくべき。なぜなら28歳くらいは女が大人として完成する年齢。これから〝大人の女〟として、い

ろんなスタイルを確立していく、そのスタートラインに立つ年齢だからこそ、オシャレの欲求不満をすべて清算し、完璧なコーディネートを体験しておくべきなのだ。

そしてみんな意外にやっていないのが、雑誌のファッションページの〝完全無欠コーディネート〟の丸ごとコピー。ハッキリ言って、全身をそのまま真似しても、写真のようにはキマらない。にもかかわらず、アクセサリーやベルトは省略してもいいやとか、帽子はちょっと気が引けるとか、ヒールが細すぎるとか、あちこち妥協していったら、オシャレのインパクトは3分の1になっちゃう。それじゃあコピーする意味はぜんぜんないのだ。

だから正しくは、それ以上の完成度を目指してそっくり揃える。それを1シーズンに2～3コーディネート。2～3年やったらあなたはたぶん見違える。そしていつの間にか、オシャレのセンスもうんと鍛えられているはずなのだ。

ともかく一度〝ひとりよがり〟や思いこみの一切を捨て去るためにも、ゼロから100％完全コピーのオシャレに身を委ねる時があってもいい。

男と会う服、女と会う服

男と会う日は、男よりも2〜3割上等な女に！

恋人になるか〝お友だち〟で終わるか、それが決定しそうな重要な日が、男と女の間には必ず訪れるわけだが、そういう日に本能的にスカートをはいていってしまうのが女という生き物。男のほうもそういう日にがっちりパンツスタイルでやってくる女は、とても短絡的に〝落とせないかも〟と思うらしい。少なくとも、そういう微妙な時期の男と女は、すべての言動が〝駆け引き〟になってくるから、女がスカートをはいてくる、その気持ち自体が、男の目にはもう色気に映るのだ。

もちろん大切なのは〝スカートであること〟じゃなく、女がポーンと前に出ること。昨日まで〝男みたいに色気ゼロのおかしな子〟と思っている相手を「今日の彼女は、女っぽい、色っぽい」と思えば、手のひらを返したように〝その気〟になれてしまうのが男の性《さが》。だから、彼の心を引きよせたいなら、その日だけでも女をポーンとわかりやすく前に出す。364日パンツスタイルでも、その日だけスカートをはいていく。〝男と会う日〟はそのくらい素直に女をする心意気、それが色気に変わるのである。

女は加えて、男の目には何が何でも華奢に見えなければならない。同性の目には、細く映るだけでいいけれど、単なる細さはあくまで〝女受け〟。男の目には細いのではなく華奢、つまりは多少とも弱々しく映るべきなのだ。その華奢が、男の目には色気に映るからである。

そしてその華奢を作るのが、素材の薄さであり、シルエットであり、鎖骨。ブラウスでもニットでも、素材が薄めでやわらかく、体の動きに合わせてテロテロと表情を変える服は、それだけで女を程よくか弱く見せてくれる。また、ウエストがちゃんと細く見え、ヒップがちゃんと丸く見え、そして全体がしなやかな曲線に見えるようなシルエットの美しさは、メリハリのきついグラマラスなライン以上に、色気を醸し出すはずだ。

さらに華奢のキモは鎖骨。鎖骨を見せるだけで、体重にして5キロ分くらい痩せて見えるのはよく知られているけれど、鎖骨の強調は太めの女さえ華奢に見せる不思議な作用をもっている。男はそこに面白いほどひっかかってくるのである。

ちなみに鎖骨をあくまでキュートに見せるには、衿ぐりを横長に大きく開けた'60年代風のネックライン。首までほっそり見せる抜群の華奢効果からは、品のよい女っぽさがあふれ出してくる。まさに男と会う日のために生まれたような服である。

男のネクタイに見合う服、それは女の〝着るマナー〟

男はいわゆるビジネススーツ。なのに女のほうはいやにカジュアル。ジーンズにファーのブルゾンに、ロングマフラーをぐるぐると……みたいに、ひとりだけ休日ふうのカジュアルをしていると、あの男女はどういう関係？　……と余計な想像をさせてしまう。

そもそもオフィスにいて浮く服は、ネクタイの男といても浮く。平日の夜のカップルを世間は十中八九デートと見るはずで、多少ともズレのある二人の装いは、だから余計にチグハグに見えてしまう。いくらカジュアルのほうがオシャレに見える時代にあっても、カップルとして野暮ったすぎる。

いちばん困るのは、一応の正装感をもっている男のビジネススーツとの対比で、女がとてつもなく軽薄な安い女に見えてしまうこと。つまりカップルとしても妙だが、損をするのは結局女なのである。

かと言って、女のほうもビジネススーツでキメてしまうと、これもまたビミョーにズレる。今度は女が上司に見えたり、逆にあんまりデキのよくない後輩ＯＬに見えたりと、要は何とも色気のない女に見えてしまうのだ。どちらにせよ損をするのは女のほう。

だから平日のデートは、自分自身のためにも、男のネクタイに見合う服を選ぶこと。男のビジネススーツは一応どこへ行っても恥ずかしくはない、日常レベルの正装。とすれば、女もそのまま格式あるレストランに入ったとしても、とりあえず恥ずかしくない服をぶつけるべき。今のデート服の平均値からいくと、本当はみんなもう少し〝おめかし〟していい。でないと、目立ってイケてるビジネス男とのデートでは、どうしても女が見劣りする結果になってしまうから。

どちらにしてもカップルの装いは、２〜３割女のほうが上等に見えないといけない。極端に女のほうだけゴージャスなのも野暮の骨頂だが。言ってみれば２〜３割上等が、エスコートされる女のマナー。理屈抜き、世の習いとして、見た目は女のほうがちょっと高そうでないと、カップルはサマにならないのだ。

またそういう意味でも、〝男と会う服〟は必然的に女を上げる服。彼氏がデキると女ががぜんキレイになるのも、自ずと女を上げる服の枚数が増えるからなのかもしれない。

女と会う日は、尊敬される服

女性ばかりが集まる場所では、男の目がなく気が散らないせいか、女たちは心おきなく他の女の装いチェックに専念できる。だからその日いちばん目立つ人は、単にキレイな人より、いちばん金がかかった女だったりする。女は本能でそれを知っているから、女と会う日のほうが、〝金目のもの〟にこだわるが、女たちを感心させたいならやはりコーディネートにももっともっと頭をひねるべき。

〝男と会う服〟は、コーディネートに凝るよりも〝ザ・ワンピース〟、〝ザ・スーツ〟みたいに単純に女を主張する装いのほうが効果的だったが、〝女と会う服〟はコーディネートにこそキラリと光るものがないといけない。女は女の装いのクオリティの高さに対し、ちゃんと敬意を表するけれど、じつはブランドに身を固めた人以上に、コーディネートが上等な同性にこそ、一目置くからである。この人、けっこうただならぬ女かもしれないと……。

とても不思議なことがあった。ある日青山を歩いていて、ハッと目を惹く女性とすれ違い、思わず振り返る。そのひとは、ワイドパンツをはき、首にボリューム感あるストライプのストールを巻いていた。たったそれだけだが、ワイドパンツとストールのボリュームが見事なバランスと美しいインパクトを作っていて、本当に目立っていた。あの人は何者だろうと思ったほど。

ところが同じ日、仕事の打ち合わせである会社を訪ね、〝若き女社長〟ということで登場したのが、そのワイドパンツの女性だったのだ。キツネにつままれたようだった。でもすれ違いざま、オシャレで瞬時に同性を感心させてしまうほどの女性は、やっぱりただものじゃない〝ひとかどの女〟なのだと、激しく納得したもの。

その数日後、私は恥ずかしげもなく、その人とほとんど同じコーディネートを試みていた。以来その女性とは一度も会っていないが、真似させてもらった人として、今も忘れられない存在。仕事っぷりとオシャレっぷりが高いレベルで均衡を取っている女性に対し、女はそれだけで、ある種の尊敬を覚えるのである。

他の女に認められたいから、女はブランドとトレンドに走る

何かしらで負けたと思わせたい……オシャレな女ほど、女と会う日は多かれ少なかれそう思って出かける。いや相手に勝ちたいというよりは、相手に認められたいのだ。なかなかヤルじゃない？　と思わせたいのだ。

だからこそ女は手っ取り早く〝ブランドもの〟に走る。しかしそれは、ある意味正しい。手っ取り早く、負けたと思わせる上でブランドものに勝るものなし。男と会う日は、その恋人がブランド好きでない限りはほとんど効力をもたないし、ブランドものの新作を着ていたからといって、たっぷり愛されてしまうわけじゃない。ブランドのオシャレは、あくまで同性に向けてのオシャレなのである。

ただし、ブランドものであればこそ、男は簡単にダマせても、女はダマせない。生半可なブランドものじゃ意味がないし、必死で買った感じが出てしまえば、逆効果。ブランドものはむしろ〝相当のゆとり〟をもって操っている印象がなければ、同性を感心させることなどできな

い。女と会う日のブランドには、逆にそれなりのリスクを伴うのである。

もちろん、レアものをもっている女や、新作を人より早く手に入れる女がエライのではない。ただ、人が欲しがるものをイチ早く手に入れるパワーや、それを所有している自信が、やっぱりそれだけで女をエネルギッシュに見せ、周囲を圧倒するのは確か。パワーあるブランドものは、それをもつ人にもある種のオーラをもたらすことがありうるのだ。

同様に、今年のトレンドを誰より早く取り入れた人にも、同性を打ち負かすオーラがある。だからブランドものでトレンドできたら、それは最強……。ただし、ブランドでトレンドできるくらいの女は、仕事っぷりや趣味っぷりもそれなりでないと、〝ただのブランド女〟と逆に見下される。女と会う日のブランドリスク、よくよく踏まえた上でブランドしたい。

だから〝きちんとカジュアル〟で、うすっぺらくない女

あらゆるスタイルの中で、同性にいちばん尊敬されるのが、〝きちんとカジュアル〟だろう。

なぜなら、カジュアルがうまいことは知性の証明であるという認識をもちつつも、みんな自分自身はカジュアルが今ひとつうまくできないというコンプレックスをもっている。だから、事も無げにカジュアルをこなしてしまう同性には、それだけで一目置く。頭のいい人かもしれない、それなりに遊びの経験も積んでいる、奥ゆきもある女性に違いない……そう思うから、負けたと感じるのだ。

さらに言えば、クラブカジュアル的な〝きちんとカジュアル〟はもっと効く。上品な印象を醸し出す、四隅のそろった感じのカジュアルには、育ちの良さ、躾の良さがそこはかとなく宿り、ワンピース以上にいいとこのお嬢がイメージされるから。

そもそも〝きちんとカジュアル〟は、カジュアルセンスとコンサバセンスの両方をバランスよくもっていなければ成立しないし、カジュアルには緻密な単品コーディネート計算が要求されるから、いろんな意味で優れた女の証明となるのである。

さらに効果的なのが、意外性あるカジュアル。ふだんはエレガント系の装いを通勤の定番スタイルとしている人が、何かある日にブランドとトレンドをスパイスにピリッと利《き》かせた〝きちんとカジュアル〟でやってきた時、みんな負けたと思うだろう。

女が尊敬する女は、結局のところ〝うすっぺらくない女〟。ドレスからジーンズまでのワードローブをもち、知的であり遊びもある奥ゆきある生き方をしている女。だから女と会う日は、多少とも意外な奥ゆきを光らせる演出を心がけてみてほしいのである。

じゃあ合コンは、何を着る?

男とも会うが、女とも会う服……それが合コン服なら、そこにはどういう法則が生まれるのか? あらためて考えてみることにしよう。

もちろん揺るがぬ目的は〝男と出会うこと〟。同性の目なんてまったく気にしない、堂々と男受けを狙いたいというのなら、せいぜい〝男と会う服〟の法則をそのまま形にしてほしい。

しかし、世間はそんなに甘くない。女同士、〝計算がある〟とか〝妙に本気である〟とか〝ひとり受けを狙ってる〟などという疑いをもたれぬよう牽制しあいながら、合コン服を選ばざるをえないケースもあると思う。場数を踏めば踏むほど、合コン服には他の女たちへの気配りみたいなものが必要だってことがわかってくるのである。

ともかく、存在をきちんと光らせながらも、ひとりだけキラキラしないこと……いや、他の女たちにそう見えなければ、ひとりでキラキラしていたっていいわけだ。その時たとえばこんな技を使う。

女同士、それなりに仲良しならば、ましてや同僚ならば、それぞれの服のレパートリーはお互いざっくり頭に入っていたりするもの。そこで、みんなの気をそらすならば、すでに〝みんなが知ってる服〟を着ていくこと。その日のために、〝勝負服〟をわざわざ買ったとなると、バツが悪い。〝妙に気合が入っちゃってない？〟と思われて恥ずかしい。だから、すでにみんなの目に触れさせている服を着ていく。けれども〝いつも同じ勝負服？〟と思われるのもまた、何かを狙っているみたいだから、以前の合コンで着た服は避けることも大切。もちろん小物使いを変えてちゃんと洒落たコーディネートを利かせれば、ただの計算女には思われないが。女はオシャレのうまい女をちゃんと認めるわけで、そこは〝女と会う服〟の法則を利かすのである。

みんなが知っている服を、粋にアレンジ……ひとりキラキラしてても誰も文句は言えない。

地味なら文句はないでしょう？　だから、ネイビーのひとり勝ち

いわゆるクラブのホステスは、黒の服を着てはいけないのだそうである。華やかな明るい色のドレススーツ……それがひとつの制服。男受けの絶対服と言ってもいい。ピンクとかオレンジといった華やかな色は、男に対して程よくスキを見せ、夢を与える服。しかしこれがワンピースだと甘くなりすぎて、男にとっては〝見えすいた媚び〟に見えるから、アイテム的にはスーツっぽいもののほうが定番服。ホステスとしての社会性や知性を表現するためにも、やっぱりここはスーツのほうが格上らしい。

けれども、それはあくまでホステスにとっての〝ビジネススーツ〟。そのまま合コン服の法則に当てはめられるはずもないが、黒が重いっていう点だけはいただける。

そこで、ネイビー。黒じゃ重すぎるし、冷たすぎてスキがない。ネイビーは淑女っぽさや制服のニュアンスを備えているだけに、スキがなさそうでいて、男の目には意外にもけっこう程よいスキに映るらしい。

しかも女の目に、ネイビーはあくまでも地味な色。地味なら文句はないはずで、年齢を問わず、ネイビーは〝女も納得させる男受け〟の決め色なのである。そして、ネイビーのワンピースを小物で華やかに見せるような技を利かせて、地味なふりして派手……それが合コン服の極意と言っていいだろう。

さらには、ストライプもまた〝女を納得させる男受け〟の代表的な柄。水玉ではアザとく見えるが、ストライプなら女としての〝私利私欲〟を感じさせない。しかし、やはりネイビー同様〝制服的ニュアンス〟は、男の〝制服好き〟に巧みに媚びている。しかも、地味なふりして充分に派手……。使い古されないうちに、早めの使用を。

女友だちの影響力

オシャレの類は友を呼ぶ

変わった人は、ファッションも変……そう感じたことがあるはずだ。スカートが短すぎたり、胸が大きくあきすぎたり、ともかく異様に派手だったりすることと、人としてのバランスが少しだけくずれていることとは、かなり似ている。

またひどく時代遅れのスーツなんかを着ている人は、単にオシャレに関心がないからそうなってしまうのじゃない。世の中の流れや人の心の変化が読めないから、古めかしいスーツも平気で着れてしまうのだと思う。もっとハッキリ言ってしまえば、人の心が読めない女は、ファッションもぜったい変。

人は、社会と関わるために、オシャレをする。ひとりぼっちで生きていくなら、オシャレなんて無駄になる。だから女のオシャレには、人との関わり方の個性がそのまま出るものなのである。

たとえば、友だちがいない女のファッションはだいたいがひとりよがり。そして、人と話がまるで噛み合わない女のファッションは、やっぱり理解しにくい。女同士はどこかの部分、ファッションによって人と関わり、ファッションを手がかりにするから、相手のファッションが理解できないと、会話もスムーズにいかなくなるのだ。

とても自然に近づいて、とても自然に言葉をかける、それもファッションによる目に見えないコミュニケーションがあってこそ。これを機に、自分のファッションもそういう視点で一度見つめ直してみてほしい。あなたは人付き合いの悪いファッションに身を包んでいないだろうか。人を寄せつけない雰囲気を装いでつくってしまっていないだろうか。

ちなみに、今どきのトレンドをまったく無視している上に、〝自分流〟とも言うべき個性の強い服選びを定着させてしまっている人は、やっぱりちょっと危ない。バランスを崩している。トレンドに適度に弄ばれるのは、ひとつの協調性。トレンドを100%拒めるのは、今の時代、社会でちょっと浮いてる証拠である。気をつけて。

スカート派はパンツ派が妬ましい？

スカートとパンツ、どっちが好き？　と聞かれたら、女はみんな、迷わずどちらかを選ぶのだろう。スカートとパンツ、自分にはどちらが似合うのか、女はみんな知っているのだ。もちろん中には間違った判断をしている人もいるはずだが、それでも毎日はき続けていくうちに、不思議にそれが似合ってきてしまう。スカートかパンツかの選択は、女にとってそのくらい大きいのである。

では誰がスカートで、誰がパンツか？

まず、可愛くフェミニンな女になりたい人は当然スカートを選ぶだろうし、逆にふわふわした感じがキライ、どうであれカッコよくクールな女でありたい人は、迷わずにパンツを選ぶ。そうやって女はごくごく自然にどちらかのイメージを選んでいくわけだが、じつはそれ以上に強力に二者択一をせまるのが下半身のカタチ。

まず脚がほっそりしていないとスカート派にはならないが、脚が長くないとパンツ派にはなりにくい。そしてまたヒップがありすぎても、なさすぎてもパンツは似合わないから、きれいなヒップを持っていないとパンツ派にはなりにくい。という具合に、プロポーションによって、だいたいの運命は決まってきてしまう。

つまり、好むと好まざるとにかかわらず、女にとってそれはひとつの宿命。だからこそ、スカート派はパンツ派がどこかでねたましいし、パンツ派もスカート派に一種の憧れを持つのである。つまりお互いがお互いを半分認め合っているのが、スカート派とパンツ派なのだ。

もちろん女は、スカートとパンツの両方をきれいにはき分けたいわけで、だからスカート派もパンツ派もお互いを否定しない。だからスカートスタイルもパンツスタイルも、オシャレにおいて永遠なのである。

オシャレのライバルがいない女は不幸である

オシャレな人ほど、もっともっとオシャレになっていく、としたら、それはオシャレな人ほどオシャレのライバルがいるから。

オシャレな人は、他人のオシャレにも敏感だ。街を歩いていても、電車の中でも、またオフィスでも、オシャレな女の存在を決して見逃さず、ひとまずは「やられた……」と思う。相手が見知らぬアカの他人であっても「やられちゃった……」と悔しがる。だからオシャレな女はどんどん伸びるのである。

もちろん、悔しがるばかりでは終わらない。こういう人たちは〝オシャレの大原則〟に従ってオシャレな人を見つけると、その人はなぜ目を惹くほどステキなのかを、ほとんど瞬時に徹底分析する習性がある。自らも着るセンスを持ちあわせているから、目を惹くキモをたちまち見抜き、またそういう人に限って〝真似〟も上手。必ず何日か後には、自分もそのコーディネートをなぞってみている、だからその都度伸びるのだ。

そして、オシャレな人は同じオフィスにだいたい一人は好敵手を持っている。たとえ服の傾向は違っても、センスのいい人は、相手のコーディネートのうまさもちゃんと認められる。だからお互い、抜きつ抜かれつ、やられたりやり返したりしながら、切磋琢磨するものなのだ。

いやひょっとすると、多少方向の違うファッションの女性に対してのほうが、女はライバル意識を燃やせるのかもしれない。たとえば〝ジャケットにパンツ〟の女は〝ニットとスカート〟の女がステキに見えれば見えるほど、嫉妬する。こっちのスタイルのほうがぜったい勝ちよっていう自負があるからこそ、尚一層のライバル心をかきたてられ、ジャケット+パンツのコーディネートを尚一層、研ぎすまそうと思うのである。

ともかく、オシャレな人は、どんどん伸びる、そのしくみがわかったはずである。

女はセンスだけでカリスマになれる

突然だが、あなたはオシャレにおいて、絶対の信頼が置ける目標、というものを持っているだろうか。願わくばできるだけ身近に、そういう人がいてほしい。なぜならファッションは、TPOなしには成立しない。いつどこで、何をするための服なのか、それをハズして良し悪しを考えることはできないからだ。

たとえば同じオフィスの同僚が、毎日の通勤にどんな服を着てくるのか、また仕事がらみのレセプションで何を着るのか、会社主催のゴルフコンペにどんな服を着て出かけ、どんなゴルフウエアを選ぶのかまで、同じ時空を生きるオシャレ上手の服選びは、すべてがナマの見本になってくる。そしてそこで学ぶべきは、たぶん勇気や思い切りなのだと思う。

オシャレとはある種、勇気がいるもの。いや、勇気のある人ほどオシャレだし、またどんどんオシャレになっていく。そういう勇気に刺激を受けることが大切なのだ。「エッ？　こういう時にコレ着ちゃっていいんだ。ここまでやっちゃっていいんだ」と思うことが、着ることでの大きな突破口になる。また一緒に買いものに行けば、彼女は「大丈夫よ、それ似合うよ。着ちゃいなよ」と言葉で勇気を与えてくれるだろう。

今までできなかった、柄ものに柄ものを合わせるコーディネートができてしまったり、ファーやヒザ上ブーツや、ウルトラミニや革パンツ、そういう勇気のいる服を着ることが、オシャレの目覚めにつながることも多い。だから身近にそういう勇気あるオシャレのカリスマを見つけておきたいのである。

エッ？　会社にこれ着てきちゃうの？　と最初は驚いても、気がつくと当たり前になっている。それが、紛れもないオシャレの成長につながる。

センスはうつる。だから見て見て、見続ける

オシャレはうつると言ったが、オフィスにひとりとんでもなくオシャレな人がいると、それはそれは見事に、女性社員のオシャレの水準が上がってくる。センスも人から人へ、ちゃんとうつるからである。

ひとつの閉ざされた環境の中で、同じ空気を吸っている女性たちは、本人たちは気づかなくても、お互いが知らず知らず影響を与え合っている。いや、影響を与え合うのじゃなく、単純にのりうつるのだ。まさに魂レベルで伝染するのである。

とても顕著なのが言葉づかいで、やたらていねいな言葉づかいの人がひとりいれば、「○○課です」と出ていた電話に、みんながいつの間にやら「はい、○○課でございます」と出るようになる。真似るまでもなく、うつるのである。誰かが「お待たせしました。○○課でございます」と言えば、必ずみんな「お待たせしました」をつけ加えるようになる。聴覚はコピー能力をもっているから。

センスも同じ。中にひとり、とってもセンスのいい人がいると、いつの間にか伝染してくる。ひとりひとりにその人のファッションを真似ようとする意思などまるでなくても、気がつくと、その人がよくやる色合わせや印象的なコーディネートを、自分もやっている。なんで？と逆に気味が悪くなるほど、センスはうつるのだ。なぜなら、〝視覚〟にも優れたコピー能力があるからなのだ。

従ってボーッとしていたらダメ。ともかくオシャレな人のオシャレをどんな思いであれ見ることが大切。仮にその人のことをキライでも、ただ見るだけでいい。視覚は人間の感覚の中でやはりもっとも強く、ちょうど日記をつけるように、見たものの中から印象に残ったものだけを、書き残しておくことができるのだ。だから、服を着る時選ぶ時、そのページが不意に開かれて、無意識の中で似たようなコーディネートができるのだ。人はそうやってセンスを知らず知らず養成していくのである。

だからオシャレは、まわりにひとりでもセンスのある人がいたもの勝ち。たとえイヤなヤツでも、センスのいい同僚とはつかず離れず。無視を決めこんだら損をする。

女に尊敬されたいならまず、洋服の似合う体をつくる

オフィスや学校で同性の支持が高い女性は、だいたいが手脚が長い。いや芸能界でも、女性の支持の高い女優やタレントほどプロポーションが良く、だから必然的にこの世界もモデル出

身者が多くなるのである。これは言わば、〝宝塚の男役〟に女が憧れるのと少し似ていて、胸の大きな〝女度の高さ〟より、手脚の長い〝男性〟性を匂わせるカッコよさのほうに強い憧れをもつのが、女だから。

でももうひとつ、スタイルが良くないと洋服が似合わない。そこは女としての生命線、だから女はスタイルのいい女性にしか憧れないのである。女にとって服が似合うことはひとつの才能。手脚が長く、きれいにヤセていることは、女の偏差値の高さを意味するのである。

また一方、今はちゃんと男モテしないと女にもモテない。かつての女は〝男モテ女〟を警戒したり、苦しまぎれに否定していたけれど、今の女はもっと視野の広い、まあ心も広い見方をしはじめ、男心をそそるような女じゃないと尊敬できないと思うまでに進化してきた。

ただし、どんなファッション傾向が女の尊敬を集めるのかと言えば、さすがに胸の谷間がのぞくような〝そそる系〟ではなく、やっぱりカジュアルを高貴に、マニッシュを女っぽく、そしてロマンティックをクールに着られる人。カジュアルをただそのままラフに着て評価を集められるほど女の世界は甘くない。ロマンティックをベタベタに甘く着て拍手を浴びられるほど、女は甘くないのだ。

その服が持つテイストを、あえてひねって違うイメージに仕上げる洗練。人の着ないモードな服じゃなく、あえて人の着そうな服を誰も真似できない着方で着るセンス。そしてそれを似合わせるだけの洗練された体型がないと女は女を尊敬しない……。

女は男より手強いからこそ、女を育てるのは女なのである。

損する服、得する服

得したつもりが損をする……服ってなぜ裏目に出るのだろう

犬をたくさん飼っている人が言った。お散歩していて通行人に可愛がられるのは、いつも決まって意外な犬。その時々で〝人気が高い〟とされる犬種よりも、誰も飼わないような人気薄の犬のほうが、「ワ〜、カワイイ」と人だかりを作る。そして、ちっちゃくて愛くるしいいわゆる愛玩犬よりも、大きくてふてぶてしい表情の犬のほうが、街では「キャ〜、カワイイ」と騒がれる。往々にして、ブス犬のほうが受けるのだ、と……。

ワンちゃんの〝受け〟と女のオシャレを一緒に語るのはどうかと思うが、これは〝街では実際どんなオシャレが目を惹くのか〟、の反応を測る重要なバロメーターにもなる。

まず、人気の犬種が受けないのは、単純に目が慣れているから。トレンドを追いかけることの〝裏目〟をよく物語っている。しかもトレンドの服は、「自分は人気者」って顔しているわけで、まさに得したつもりが損してるから、よけいに損だ。そしてまた当然可愛く見えるはずの服が、ハタ目には可愛く見えなかったりするのも不思議なところ。オシャレって、じつは裏目裏目に出ることが少なくないのである。

そしてまた、いわゆる血統書つきよりも、ミックスのほうが珍しがられ、やっぱり可愛がられてしまう現実にも、目をつぶってはいけない。ちなみに今、ワンちゃんの世界でも、プードル×チワワみたいなミックスが流行になってきていたりするが、これも〝ひとり〟として同じ風貌にはならないからとか……。ワンちゃんたちには何の責任もないけれど、血統書つきブランド犬種は、見事にみんな同じに見える。それが血統書つきの宿命だからだが、ミックスはそれこそ混ざり具合で〝ひとりひとり〟見事に違う風貌をしていて、だからいちいち人を惹きつけ、人だかりにしてしまうのだ。

それってちょっと女のバッグに似ていなくもない。流行りすぎの定番ブランドバッグが、オシャレ的にはまったく目を惹かないのと同じ。「それどこの?」「どこで買ったの?」と聞かれることがオシャレの〝得〟ならば、バッグにもやはり〝ミックス〟的なレア感が必要なのだろう。

私たち女も、愛され方をワンちゃんに、時々学ぼう。可愛がられるペットほど〝得な〟生き物はないと、人間の女はたまに感じたりしているはずだから。

せっかく派手な服を着たのに目立たないのは大損である

ところで、〝損をする服〟ってそもそもどんな損をするのだろう。

まず決定的なのは、目立たないこと……。オシャレって、やっぱり〝目立ってナンボ〟。マリー・ローランサンはこんな言葉を残した。「忘れられた女は、死んでいく女よりも哀れだ」誰からも見てもらえないのは、確かに哀れ。結局女はすれ違う人にハッとされるためにオシャレをする。見てもらわなければ、何も始まらないのだ。

従って最大の損は、目立つと思って着た服が全然目立たないことだろう。皮肉なことに、〝目立つ服〟は悪目立ちこそすれ、不思議なほど目立たない。いや、服それ自体は街ゆく人の目に自然に飛びこむのかもしれないが、それはあくまで景色の一部として。服自体が目立ちすぎると、着る人の存在感は逆に薄れていく。〝人〟と〝服〟の力関係はけっこう難しいのだ。

とても単純に、服が人より目立ってしまえば、人は目立たなくなる。かと言って、服も人も両方目立たなかったら、それこそ誰にも気づかれない。理想は、服が人を目立たせてくれる関係にあること。極端な話、存在自体が華やかで目を惹く人は、服はいくら地味でもいい。そのほうが、すっきり人目を惹くから。でも〝存在感〟に自信がないという人は、たとえばボトムだけをちょっと派手にして、顔に近いトップスは地味に抑える、みたいな計算を。程よく人が引き立てられるだろう。

しかし、いちばん人を引き立て、目立たせるのは〝形や色や組み合わせの派手〟じゃない。服の上質感が生まれながらに持っている派手。何でもないシンプルなグレーのセーターも、見るからに上質なカシミアならば派手。とても自然に、しかし存分に人を引き立てる、そういうこと。

ともかく、人が〝服の引き立て役〟になってしまうのは、あまりにも損。もちろん大好きな服を着ているだけで幸せ、という考え方もあるけれど、得をしないオシャレはオシャレではない、そう考えるほうがやはり自然だ。

〝きちんと〟したほうがずっとずっと得なのに

'90年代に、ちょっと過激な〝モードメイク〟がトレンドとなった。スタイリッシュだけれど、黒い口紅やデビル系のチークなどを主役にした、ちょっとコワイ顔のメイクトレンドで、その背景には〝媚びない女〟のブームがあったと思う。

つまり〝男受け〟を狙った計算高いナチュラルメイクはダサイ、男の目なんか意識しない、少し不機嫌なくらいクールな女がオシャレであるという意識の流れから生まれたもの。笑顔がおよそ似合わない、無愛想な厚化粧顔の女がたくさん輩出された。

でも、針金のように細い眉や黒っぽい唇が女をキレイに見せるわけはなく、それは〝媚びない女〟どころか〝全然可愛くない女〟を作ってしまった。だからトレンドはコワイのだ。美に反することも平気でトレンドになり、それが〝良きこと〟のように無理矢理広がっていくのだから。案の定、みんな自分がキレイに見えないことに気づき、早々とブームは去っていった。

つまり間違ったオシャレは、必ず訂正されていく運命にあるということ。

やがて〝愛され顔〟〝モテ顔メイク〟の時代に入り、みんな堂々媚びを売ってる。しかしそれは〝反動〟じゃなく、当然の流れに戻っただけ。正しい不変に返っただけ。

服も同じだと思う。露出が多すぎたり、全身ピラピラだったり、わざわざだらしない着方をするのは、たとえバリバリのトレンドでも、人がキレイに見えないなら、やっぱり損する服。それでキレイに見えるかと言ったら甚《はなは》だギモン。それでもキレイに見える人は、ごくごく一部のスタイルもよくて清潔感ある人に限られるだろう。だったら無理して着ることはない。少なくともオフィシャルな場面では、全員が必ずキレイに見える服を素直に選択するべきだ。

それはどんな服？　というならひとこと、〝きちんとした服〟。日本の女はみんな時々、その絶対の法則を忘れがちだが、〝きちんと〟ほど人をキレイに見せるものはないってこと、ここらでちゃんと思い出してほしい。結局のところ、いちばん得をするのは、清潔な女に見えること。時代がどう変わろうといちばん損をするのは、だらしなく見えることなのだから。

〝美人な服〟を着ていると、それだけで女は、得をする

女は本当に、服一枚で、とても得をしたり、ひどく損をしたりする。具体的には、初めて行ったお店で、お料理やデザートが一品多く出たりするお得、合コンでひとりモテてしまうお得、電車でオジサンの足を思いきり踏んでしまったのに、にっこり許してもらえるお得、そして仕事場でミスをしても必要以上に怒られないお得まで。なにげないけれど、ほのかな幸せをくれる日常的な得は、まさに服一枚で簡単に得られるもの、と言っていい。じゃあ、そういう具体的な得をする服ってどんな服か？

これは、ズバリ〝美人な服〟。いかにも美人が着そうな服……と言ったらいいだろうか？シンプルなヒザ丈のワンピースとか、ふんわりスカートとか、サイズが合った仕立ての美しいパンツとか、あるいはまた、淡い淡いブルーのカットソーとか、ピンクのツイードジャケットとか、ベージュのカーディガンとか……。そして華奢な印象のハイヒールの靴まで。これはもう理屈抜き、誰でも美人に見える服、それ自体が〝美人ふう〟の雰囲気をもってしまっている服って、あると思う。

で、もちろんそういう服を着れば、女はどんな環境にあってもそこそこキレイに見えるけれど、でも得をするのはもっと別の理由。そういう服を選ぶ、その心意気に対して、世間は彼女をちょっと優遇したい気持ちになるのだ。

自分をわずかでも美人に見せたい……それは、女がもつ、当たり前の感情。とても素直な、前向きな感情。だから、世間はそれを応援したい気持ちに駆られるのじゃないだろうか。「醜い女はいない。ただどうすれば可愛く見えるのかを知らない女はいる」そういう格言がある。もちろん、こういうふうにも聞こえる。「自分をわずかでも可愛く見せようとしない女が、結局は醜いのだ」……と。

確かに、せっかく可愛いのに、それを台無しにするような、投げやりな装いをしている女を、誰も助けたいとは思わない。つまり、わざわざ美人に見えない服を着る女を誰も助けない。そういう女はもともと多くを期待していないから、ことさらに損はしないのかもしれないが、でも得もぜったいにしない。得をするのは、やっぱり、それなりの努力をしている女だっていうこと。まっすぐな心で正しいオシャレをした女には、ちゃんとごほうびがある……そういうことなのである。

セクシーを狙うなら、シャツスタイルが得である

男にチヤホヤされたい時、女はひとまず〝セクシーな服〟を着てしまえばいいと考える。そして〝セクシーな服〟と言えば、ともかく〝肌見せ〟だろうと考える。で、谷間がくっきり見えるような服を着て、「さあどーよ」という態度に出る。

でもそれで、女は本当に〝得〟をするのだろうか。〝肌見せ服〟を着れば、男はまんまとそそられるが、男を一時的にそそるだけでは、得にはならない。〝手のうち〟を最初からそっくり見せてしまうことになり、逆に損をしかねない。もっと揺るぎなく虜《とりこ》にして心の中まで入りこまないと、本当の得とは言えないと思う。

だから女として得をするなら、むしろシャツスタイルだろう。〝女のシャツ〟は男にとっては手に入りそうで入らない、ちょっと厄介な女をイメージさせる。シャツの衿をたて、胸のボタンをギリギリまであけて、ちょっとくずして着る白いシャツこそ、一筋縄ではいかない女の目印。〝高嶺の花〟ほど遠くないし、いきなり肩を抱けるほど〝近くもない〟、何だか微妙な距離感を保つから、シャツは男をいやらしく惹きつける力をもち、また、ちゃんと頭が良さそうなのにちゃんとセクシーだからこそ、シャツは女を、結果いちばん高く見せるのである。

余談だけれど、いわゆるフェロモン学では、〝女のフェロモン〟も、じつは女の体の中にある男性ホルモンから発せられるのだという説が濃厚。でもそれ、何となくうなずける。女がマニッシュなファッションに身を包むと、女っぽさが逆に強調され、いかにもの女らしい装いよりはるかにセクシーに映ること、以前からよく指摘されていた。香水もあまりに甘ったるいパウダリー調の香りより、どこかクールな男性性が混じった香りのほうが〝男受け〟がいいのも事実。それは女が発する男性ホルモンの仕業だと考えると、なるほどわかりやすい。

シャツも本来は男の服、それを女が女っぽくアレンジして着た時、露出だらけの服よりも、よほどパワフルな色気がわきあがる、その理由が見えた気がした。

それってどうかとも思うが、女が男の部屋にお泊まりして、男物のシャツをダボダボに着ているのが好きっていう男は多数。シャツって一見、女として損な印象もある。けれど、女のオシャレも大昔の人が言ったように、損して得とれ……なのである。

女が本当に、大人の服に着換える時

40代、50代まで〝28歳の服〟を着続けよ

たとえば28歳は、いろんな意味で女のターニングポイントにあると言っていい。〝大人〟と〝若いコ〟の間にあるということは、要するに、ジャスト〝女性〟一年生で、ようやく女が〝女性〟として一人前になることを示している。女の修業を終えた〝卒業生〟と言ってもいいし、女性が一回目の完成を見た年齢と言ってもいい。

そう言えば、無理矢理に今〝女の結婚適齢期〟というのを設定すると、やっぱり28歳あたりになるのだろうか。現実に既婚と未婚がほぼ同数になるのは、全国平均でいくと28歳らしい。都会の女は結婚をもっと先延ばしにする傾向にはあるが、28歳がイメージ上の適齢期であるの

は間違いないのだ。

じゃあなぜ28歳なのか？　生理的にも女性ホルモンのバランスは、28歳くらいがいちばん整っているのだろうし、仕事をさせても〝一人前〟の能力を身につけてくるのはやっぱり28歳あたりであるように、人としていろんなルールやマナーを身につけ、女としてのしつらえが整ってくるのが28歳と言ってもいい。だから、もうそろそろ結婚して、家庭をもってもいい頃、妻としても母としても、そして嫁としても充分にやっていける、そういう意味。とすれば28歳は、やっぱり女の修業を終えた〝大人の女性〟の一年生……。

40代、50代になっても〝28歳が着る服〟をずっと着つづけるのが、現役の女でいつづけ、いつまでも若くありつづける唯一の方法……以前から私はそう思ってきたが、そこでなぜ〝28歳の服〟が出てくるのかと言えば、世にいう〝若いコ〟が着る服と28歳が着る服は、もう明確に変わってきていて、文字通り〝大人の女性の着る服〟がクローゼットにはじめてきちんと登場するのが、28歳だから。28歳で選ぶ服は、女である限り、ずっと半永久的に着られる、そう考えるからなのである。

そして28歳が、〝若いコ〟たちよりむしろ清潔で元気に見えるのも、要は〝一年生〟だからであり、逆にしっとりした落ちつきを併せ持っているのは、〝その若いコ〟をきっちり卒業してきたからなのだと思う。だからともかく28歳からは、〝一生もの〟の服を買っても損はない。50代、60代になっても、その服を着られるのだから。

〝あのオンナ〟とも〝あのコ〟とも指さされない。私は女性よ!

遠くからアカの他人にどう呼ばれているか……オンナにとってそれは恐ろしく重要。よく言われるのは、50代になった時、見ず知らずの他人から、〝ほら、あそこにいるオバサン〟なんて指さされていたとしたら、やっぱり〝女〟より〝オバサン〟が勝ってしまっている何よりの証拠だし、街で「オバサン!」と声をかけられて、思わず「ハイハイ」と返事をしちゃったら、もう名実ともにオバサンという生き物になっていることを物語る。

じゃあ今のあなたは何と呼ばれているのだろう。ちょっと想像してみてほしい。あなたは横断歩道を渡っている。赤信号で止まっている車には、男が二人。こちらを見ながら何やら盛り上がっている。こういう場面では、多くの場合「あのオンナ、どう?」「オレは一応マル」「うーん、オレはパス」なんて品定めしているわけで、まったく忌々《いまいま》しいけれども、ともかくそういう時に良い評価を得られなきゃ、女としてやっぱりマズイというのもまた事実。

そしてその時、彼らが自分を何と呼ぶか、「あのオンナ」か「あのコ」か、も重要なポイントなんである。もし松嶋菜々子のような女性が横断歩道を渡っていたら、たぶん「あのオンナどう?」とも「ほらあのコ」とも男たちは言わず、どちらかが黙って肩をつつくと、片われも黙ってウンウンとうなずくだけ……みたいな形になるのじゃないか。

つまり、男たちにも呼び名の美学があって、本当に素敵な女性のことは「あのオンナ」とも「あのコ」とも、ましてや「あのオバサン」とも呼ばない。しいて言うなら「あのひと」としか呼べない。そういう女性っているのである。

できればそれを狙ってほしい。ちょっと濃厚な〝大人のオンナ〟よりずっとフレッシュで、〝おねえ系の若いコ〟よりもちろん知的で上品、ある意味では上と下の濃ゆい存在のハザマにあるのが、「あのひと」。それこそが、ジャスト〝女性〟なんじゃないか。

そもそも日本の女は、本当の意味で〝女性〟と呼べる時期をきちんと持たないと言われる。未成熟のオンナから堂々たるオンナへ、ほとんどまっすぐ行ってしまう人も少なくない。本当は生涯でいちばん美しい〝女性〟という時代をいちばん長く生きてほしいのに。それにしても〝女性〟がいちばん存在感が薄いのも何だか変。本当は女の主役なのに。

今まずそれを自覚し直すこと。あのオンナともあのコとも指されない、男たちを黙らせてしまう女へ。「私は〝女性〟よ」と。

女の〝王道服〟は幸せへの最短ルート

「彼女は王道だよね」

女性たちのそんな会話を耳にしたことがある。〝彼女〟とは、たぶんそのオフィスでいちばん女らしく、美しく、そしていちばんモテる女性を指しているのではないかと思う。

女たちは〝彼女〟をストレートにほめてしまうのがシャクにさわるから〝王道〟なんて言葉でごまかしているが、やっぱり〝王道〟にかなうものはない。女と生まれたからには、せっかくだからその〝王道〟を目指してみたいわけである。

〝王道〟には、何となくふたつの意味がある。〝本スジ〟であることと、〝楽な近道であること〟。なるほど近道を行ってしまえば、苦労はないし、いちばん早く目的を達成できる。しかし、そういう王道を歩いてサマになる女性もなかなかいない。王道を歩くのが似合っているうえに、目的を難なく成し遂げる、そういう自信のある人しか王道は歩けないということになる。

一応〝コンサバ〟で、でもちゃんと洗練されてて個性もあって、そしてちゃんと女らしくて美しい……だから愛されて当たりまえの王道服は、言いかえれば本命の恋人服。

二番目の女でもイレギュラーの女でもない、彼にとって〝いちばんの女〟で、未婚ならば当然〝結婚〟を前提としたお付き合いをしてる。だから当然いちばん大切にされている。クリスマスや彼の誕生日はもちろんのこと、盆、暮れ、正月、各種記念日も１００％一緒。そういう立場できちっと大切にされている女が選ぶ服が、この世でいちばん女を美しく見せるんじゃないかと思う。

つまり、そういう意味での王道服こそ、いくつになってもジャスト〝女性〟にいちばんふさわしい服なんじゃないか、ということなのだ。

ちなみに、女性にとっての王道とは言いかえれば、幸せへの最短ルート。だから〝本命〟は幸せへの近道として王道服を選ぶのである。

目上受けする服は、年下受けする

王道服は、ある意味でオールマイティー。落ち度のない服と言ってもいい。どこへ出ても恥ずかしくない、どこへ持っていっても、好感を得られる服。

女の王道服なんて〝つまらない〟というなら、どうかやってみてほしい。どこへ出ていっても好感を得られる装いなんて、そんな簡単に決められるものじゃない。そういうツボをハズさない人だから全員に好感を持たれるわけで、しかも、そのツボとは何かと言ったら、いろんな要素をバランスよく持ち合わせていること。〝元気なのに、落ちついている〟〝フレッシュで爽やかなのにしっとりしている〟といったバランスは、その条件をしっかりと満たしている。それに加えて、〝目上受け〟のキモと言ってもいい清潔感と、年下受けのキモである今っぽさ、この両方を持ち合わせていることが、今の王道服の大切な条件なのだ。

たぶんここがいちばん難しい。年上に理解不能のトレンドを持ってきてもいけないが、年下に小バカにされるようなお嬢さん服じゃ、今の王道は歩けない。

言ってみれば、結婚前のオシャレにおいて〝本命の女〟はちゃんと彼のおうちにおよばれして、彼のご両親やちょっと生意気な妹や弟に会って、全員からマルをもらわなきゃいけないのだから。〝本命の恋人服〟は、「結果」として相当に質の高いオールマイティーなのである。

さああなたなら、結婚も考えている彼の家におよばれした時、何を着ていくだろう。彼のおうちは渋谷の松濤《しょうとう》、フェリスに通ってる妹がいたかと思えば、ロックをやってる金髪の弟もいるという具合……そういう難問をクリアして、全員からOKを出される〝恋人服〟を選ぶ心づもりになると、必ずうまく行く。オシャレのセンスとは、すなわち想像力なのだから。

上質の服は老けて見えない

今だからこそ、あらためて提案しておきたいことがもうひとつある。それは言い古されたことだけれど、少々高くても必ず〝本物〟を買うこと。デザインはともかくとして、品質的には10年、20年着られてしまう上質な服を選ぶことである。

たとえば、30代からは本当の意味で〝上等な服〟が初めてピタッと体に合ってくる。またいいものを着ていると、表情までエレガントになるみたいに、モノの良さを体中で感じるようになるのも、この年代。だから30代からは逆に、〝安もの〟を着るとちゃんと安そうに見えてしまう。そういう意味もあって、いいものをきちんと着るべき時が来た、と思ってほしいのである。

そして、40代、50代になっても女を捨てなければ着られてしまうのが、〝28歳の服〟と言ったけれど、逆から言えば、マダム世代になってもイケてしまうような上質感のある服を着ると、周囲からハッとされて、すうっと道をあけてもらえるような〝王道の女性〟ができあがるということなのだ。

ほんの少し背のびをした〝大人の女性服〟も、逆に上等なものなら、老けて見えない。だって、一流ブランドの服を見てほしい。シャネルの服やクロエの服に、20代の服、50代の服、なんて区分けがあるだろうか。基本的にそういう線引きはゼロ。当然のように20代と50代が両方に着られて両方に似合うから、一流ブランドなのだ。〝上質服〟は〝上質〟というジャンルにあるから、年齢を問わず着られるのである。

そういう意味でも、上質服こそ、女の王道服。大人になったら、そこも意識して王道服だけをちゃんと遍歴していきたいものである。

だから、遊び相手じゃない、不倫相手でもない、〝本命の服〟

ところで、〝モテる〟という言葉は一時期かなりイメージダウンしたが、〝モテる〟はやっぱり女にとって普遍のテーマ。じゃあ何をもって〝モテる〟というのか、ちゃんと考えたことがあるだろうか。道ですれ違いざまふり向かれること、合コンでいちばんチヤホヤされちゃうこと、遊びに行かない？　と誘われちゃうこと、本当に遊ばれちゃうこと。あるいはまた、浮気の相手にされたり、気がつくと恋愛がいつも不倫ばっかりになっちゃうこと……一応どれも〝モテる〟のうちには入るのだろう。

そしてそれらにはすべてぴったり当てはまる服が存在する。ふり向かれるのはクールゴージャスな服。遊びに行かない？　と誘われちゃうのは、フリンジがフリフリついてるちょっとワイルドなセクシーカジュアル。そしていつも不倫になってしまうのは、少しカゲのあるアンニュイ系の服という具合。

でもあなたが望む〝モテる〟はそのどれでもないはずだ。誰にでも好かれることはもちろんテーマのひとつ、でも不特定多数に愛されるよりは、一人の人に誠実に愛されること。つまり〝幸せになるモテ方〟をこそ望んでいるはず。

とすれば、誠実に愛される服は、やはり一緒にいる人にまで幸せを与える服、ということになるのだろうか。少なくとも、一時的にモテるのではなく、あくまでもずっと愛されつづける、だからこそ媚びる服ではなく、魅せる服。目立つ服ではなく、人を心地よくする服……。

ここに3大条件をあげてみよう。色がキレイなこと、くすんでいないこと。だからもちろんモノトーンでもOK。次にシルエットが美しいこと。奇抜なのではなく、うっとりするような美しさがあること。そしてやはり上質なこと。上質な服を着ている人と一緒だと、こちらまで心地よくなるという経験がきっとあるはずなのだ。

すなわちそれが本命の服、王道の服。

子供の女服から大人の女服へ着替える時。あるいは、マダムの服に格上げする、その時そのたびに、この話を思い出してほしいのである。

2

毎日の服選びが憂うつな人へ——

オシャレに疲れたら……

オシャレに疲れたら、恋愛のショック療法をまず試そう

オシャレに疲れちゃった……そういう人は少なくないはず。

そう、オシャレが全編楽しいなんて、大間違い。女にとってオシャレは半分〝義務〟みたいなものだから案外しんどい。たまにオシャレのいらない国に行ってしまいたくなるほど。いや、オシャレな人ほど、じつはそう思っているはずなのだ。

じゃあ明らかに疲れてしまうのは、一体どんな時なのか？　これはもう明快、思うようにキレイになれない時である。

そもそも、女のオシャレ疲れは毎日毎日、一応違う服を着ていかなきゃいけない義務感から

くるのは間違いないが、キレイな自分が作れていれば、それもまったく苦にならない。

ところが、キレイになれないと、オシャレが煩雑になり、だからもっと疲れてくるという悪循環、そこに一度ハマると、なかなか抜け出られない。

じゃあどうするの？　これもまた答えは明快。新しい服を買いに行くしかない。しかし、疲れている時って、もう選ぶ感覚も鈍っているから、不思議なくらいロクでもない服を買ってしまう。すると一層の疲労感が押しよせて、立ちあがれなくなるのだ。

そうなった時、いちばんの治療法は、他でもない〝恋愛すること〟。女は新しい恋人ができると、全身にパワーをみなぎらせるようにオシャレができる。たぶん面倒がらずに買いものに出かけ、あきらめないスタイリストみたいに、自分をキレイに見せる服を探し歩き、またその服に合う小物を、足を棒にして探しまわる。加えて、自分を磨きこむから当然、輝くばかりの自分ができあがるが、そこまでのパワーを結集させられ、オシャレの〝金属疲労〟を一気に吹きとばせるのは恋愛くらい。

もちろん既婚者も同様。あえて仕事場に〝心の恋人〟を作っておく。その人の姿を見た時だけ、ときめけばいいのだから。

首尾よく相手が見つからないなら、ここはもう一世一代、上モノ男との合コンに出かける。

どうだろう、オシャレ疲労解消へのショック療法、企画してみては?

ひとまず、やわらかな素材のブラウスに逃げこもう

単純に、ひどく疲れている時って、触れるものすべてが、トゲトゲしく感じるもの。触覚までイライラするからだが、オシャレに疲れた時も、チクチクするような素材が、尚さら疲れを呼ぶ。そういう時、疲れた体をもぐりこませるベッドにもしもカシミアの毛布があったら、朝までには疲れが引いているだろう。

〝人は人に優しくされると優しくなる〟けれど、それは触覚も同じ、だから、とてもベタなやり方だけれど、疲れたら、ともかく優しくやわらかい素材にもどるべきなのである。たとえば肌にスルスルとろけるようなシルクの肌ざわり、体験したことのある人ならわかるだろう。まずうっとりとし、そして必ず優しい気持ちになれる。小さな幸せなんかも感じられてしまう。素材のやわらかさだけで、そこまで心の向きが変わってしまうのかと驚くほどに……。

もうひとつ、そういうやわらかな素材のブラウスを着ると、女はひとまず全員キレイに見え

る。体にトロンと寄り添うような素材は、それだけで女を華奢に見せ、たおやかに見せ、そして何となく美人に見せる。だから何を着てもピンとこない、何を着てもキレイに見えない時、必ず一度もどってみるべきは、テロンとしたやわらかブラウスなのだ。

〝女っぷり〟にも波がある。何を着ても似合ってしまう時があれば、今まで似合っていたはずの服にまで裏切られる時もある。でもそこにはハッキリ理由が存在する。〝肌の調子〟もあるし、髪型の良し悪しも影響してくるだろう。でも、脅かすわけじゃないが、女はわずか2キロ増えただけでも洋服が似合わなくなるもの。顔が少し丸くなったり、アゴがもったりするからだが、そういう時に、テロンと体にそうやわらかブラウスは、着やせ効果がある上に首まわりをすっきり見せたりするから、必ずキレイを甦らせる。結果、元気や勇気がもどってきて、もう一度やってみよう、もう一度前向きにオシャレしてみようと思えるのだ。

ともかく、疲れたらやわらかシルクのブラウス。そういう一着は、つねに常備のこと。

別にいいじゃない？　毎日違う服に着換えなくたって

女をいちばん疲れさせるのは、やっぱり毎日毎日、違う服を着て行かなければならない義務感。だから女性誌の〝1ヵ月のワードローブ〟ページがウケ続けるわけで、連日のオシャレなんて、みんなじつは気が重い。考えたくない朝だってある。もう、昨日と同じ服でいいやと思う朝もある。朝起きるのを憂うつにしている原因のひとつは、それなのだ。

でも別にいいんじゃない？　毎日毎日違う服に着換えなくたって。いやもちろん、細部まで昨日と同じじゃ〝お泊まり疑惑〟が出て当然、だらしなくも見えるだろう。でもだったら、必ずもどる〝基本スタイル〟というのを作っておけばいい。極端な話、3日続けてその服でも、怪しまれないし、だらしないとも思われないというスタイルを。

それはもっともシンプルでベーシックな、たとえば黒のセーターに黒のパンツみたいな服。アクセサリーを替えたり、バッグを替えたりすれば、やがてそれがその人の個性になり、さらにはなんとインパクトにまでなっていく。オシャレな女性の中には、365日のうち300日は上下黒という人が少なくないのだ。またジーンズに白いTシャツも、Tシャツだけ毎日微妙に替えている人は、いっそオシャレだったりする。

つまり、あえて同じものを着続ける、積極的に週に3日は黒ずくめ、そういうふうにそこにひとつのポリシーを確立させてしまえばいいのである。

毎日違う服じゃなきゃマズい……という強迫観念は、疲労をもたらすだけでなく、じつは不思議に女をあんまりカッコよく見せない。〝あえて毎日同じスタイル〞のほうがいっそ粋。ふだんから〝あの人は黒〞のイメージを作っておく。黒のパンツ、黒のセーターを何枚か用意しておくだけ。疲れた日はいつもそれ!! だから服はたくさんいらない、割り切っちゃってもいいのである。

思いきって、服を捨てよう!

〝大人の服〞を買いはじめてから10年もたつと、当然、服もたまってくる。要るものも要らないものも一緒くたになって……。

オシャレに疲れる理由のひとつに〝コーディネートがうまくいかないこと〟がある。何をどう合わせていいかわからない。朝の通勤前は、数分のゆとりもない時間配分になっているから、コーディネートに一回でもつまずいて、取っかえ引っかえになったらもう遅刻。だからエイと乱暴に組み合わせて家を出る。どこかが明らかに間違っているから一日中気分が晴れず、人と真正面から向きあえなかったり、約束もドタキャンしちゃったりと、その一日は明らかな対人恐怖症。まっすぐに家に帰っても、心身ともにぐったりと疲れてる。ましてや朝、コーディネートにつまずくことは、女をとんでもなく消耗させる。引っぱり出したたくさんの服に埋もれて、すっかり途方に暮れてしまった経験、きっとあるはずだ。つまり、コーディネートをつまずかせる原因は、服がたまりすぎていること……。

良い服も良くない服も一緒くたで、クローゼットの中にギュウギュウにつまっている。そこから何着かの服を選んで上手なコーディネートをするのは、センスのあるなしにかかわらず難しい。すでに方向性もテイストもメチャクチャになってしまっている服をすべて一緒に目にしたら、どんなに聡明な人でも、頭の中が混乱して、これとこれをこう組み合わせてという冷静な計算ができなくなるはず。

そもそも服は、どういう状態で置かれているかで、〝格〟が変わる。一着一着ゆとりを持っていねいに掛けられたり、たたまれたりしている服は、それだけで後光が差して見えるのに、ギュウギュウにつめられていたら、それだけで野暮ったく安っぽい、どうでもいい服に見えてしまう。そういう服を使って良いコーディネートなどできやしないのだ。

だから捨てる。見ていて気持ちが明るくならない服、とっておいたらいつかまた着られるだろうと捨てられずにいる服を、思い切って捨ててしまおう。たぶんその翌日から、コーディネートはうまくいく。そして疲れもすっと引いていくはずだから。

シンプルな服をキチンと着ると、疲れない

社会人になって何年かたつと、オシャレに対する意欲や、緊張感といったものが少し薄れてくる。人によっては、オシャレに少し飽き、感動がなくなるのだ。

オシャレも長年続ければ、やっぱりアカみたいなものもたまってくる。結果、自分に何が似合うのか、何を着ればいいのか、わからなくなってくる。

これまた恋愛とよく似ていて、お付き合いが長くなればなるほど、緊張感が薄れるだけでな

く、チグハグな部分も出てきてしまう。

オシャレもサイクルは違うものの、新しい服を買った時はウキウキもすればワクワクもするのに、何度も着るうちに感動がなくなる。それを繰り返すうちに、オシャレそのものへの感動を一時的に失いかけることがあるだろう。しかし、その時恋愛なら別れて違う人にのりかえられるが、オシャレはそうはいかない。終わることのない旅。途中でやめられないからこそ、一度自分のオシャレをリセットしてみるべきなのだ。

いらない服を捨てて、ワードローブを言わば〝浄化〟したら、オシャレもイチからやり直すように、ともかくシンプルでベーシックな装いにもどってみてほしい。

トレンドも着くずしもない、たとえば〝正しいOL〟の正統的なファッションを、もう一度ていねいに着直す。シャツのノリのきいた衿をきりりと立ててみてもいいし、ベーシックなパンツやスカートをともかくキレイにはいてみてもいい。それがオシャレをリセットすることになり、オリのようにたまった疲れが、すうっと引いていくはずだ。

家でも、だらしのない格好でいるより、どこかきちんとした格好できちんと過ごすほうがむしろ体が疲れなかったりするもの。きちんとした服をきちんと着る……それはオシャレ疲れを浄化するオシャレでもあるのだ。

女を元気にするのは、周囲の視線と関心だった

オシャレに疲れてしまう最大の原因は、着る服着る服がイマイチ似合わずに、自分がキレイになれないから、と言った。

じゃあキレイになれないことをどこでどう確認しているのかと言えば、じつは周囲の反応。女はいつも見るともなしに〝周囲の反応〟を見ていて、今日の服がどうだったか、自分に似合っているか、そもそも今日の自分はキレイかどうか、その反応度合で何となく判断しているのだ。

オフィスや外出先で、「それどこの?」と聞かれれば、その日のオシャレは一応成功ということになるわけだし、街を歩いていて、男の視線をどこかにちゃんと感じれば、今日の服が自分に似合っていてしかもちゃんとキレイということになる。

不思議なもので、どんな美人でも、どんなに目立つタイプでも、視線が集まらない日は見事に集まらない。それは、単純にパッとせず、また服が似合ってもいないから、オーラがまった

く出てないことを残酷に物語る。

むしろそういうふうに、お世辞も誇張もない街の視線を材料にして、自分のオシャレを的確に自己批判できる人が、早々センスを磨き、早々キレイにもなると言ってもいい。だから逆に、視線が来なくなると、いつも視線を集めるタイプほど落ちこみ、今までの疲れがどっと出て、オシャレの意欲を失うのである。

いっそここは、視線を取りもどすような〝賭け〟に出てみないか？　今までのテイストの服で視線を呼べなくなるのは、何かが少しずつズレてきているのかもしれない。思い切って、未体験の服を着てみてもいいのではないか。今までがロマンティックなら、少しマスキュランなものを。今までがコンサバなら、少しモードな服を……。

オシャレには〝周囲が何と言おうと自分がその服で満足ならそれで良しとする〟という考え方もあるにはある。でもそうなるのはもっと経験を積んでからでいい。いや十分な経験を積んでからでないと野暮になる。若いうちは周囲の反応と街の視線をどこまでも意識すべき。その視線が面白いようにポンと返ってくるようになると元気も出る。

今の服でダメなら、思い切って変えてみよう。それをやっても、まだ失敗しない年齢のうちに。

トレンドど真ん中の服は、自信のもと

トレンドをまったく無視した装いは、それだけで古くさく見え、そして老けても見える。とても損をするという話を、以前もしたと思う。トレンドとは、時代の乗りものみたいなもので、それに乗り遅れると、人里離れた駅にポツンとひとり取りのこされ、それだけで見た目にとてもくたびれた印象になりがち。不幸な女にも見えがち。だから毎日電車には乗るべきなのだ。

幸い、最近のトレンドはひとつのスタイルを全員で追うのではなく、いくつかの選択肢がある。みんながみんな、同じ服を着るような間抜けなことにはもうならない。だから思い切って、心置きなくトレンドど真ん中の服を着てしまってほしい。

ただしその際は、〝一部取り入れる〟ような中途半端な形じゃなく、それこそ思い切って、目立つほどにトレンドして。中途半端だと、よほどセンスを感じさせない限り、おっかなびっくりに見えてしまって損。「私、これでいい？　間違ってない？」みたいにオドオドして見え

たらダメなのだ。ともかく堂々と自信満々に見えなければ、トレンドをする意味がないのである。

かくしてトレンドど真ん中の服を堂々と着た時、不思議なくらいに内なるエネルギーが湧いてくる。さすがは、時代を乗っけて走る電車。そこに乗ると、昨日までへとへとにくたびれていた人が、先頭きって走ってしまえる。自然と表情も明るくなり、足どりも軽くなり、そして何よりオシャレの自信が体の中から湧きあがってくる。

もちろん、トレンドを追うこと自体も疲れの原因となるけれど、トレンドにはそのくらいパワーがあるわけで、単純な方法だけれどそれもひとつのショック療法。オシャレに疲れたら、トレンドに力をもらおう。

ブランドバッグひとつで生き返る

〝買い物〟が女に大きな力を与えてくれることは、誰でも知っている。たとえば、百貨店をひとめぐりして、同じように体の疲労があり、足が痛かったりしても、買い物ができたか否かで、消耗度がまるで違う。

何か良い買い物ができた時って、疲れているのに妙にハイになっていて、体が軽い。これが、何も収穫がないと、やたらにぐったり体重が2倍に感じられるほど。そのあとの食事も、何も買わなかった日は、それほどおいしさを感じないのに、底なしにお腹に食べ物が入ってしまったり。女は、ストレスがあるほど太る生きものだが、ストレスをほどく良い買い物は、それだけで満腹感をもたらすのである。

つまり、まるっきり疲れ知らずで、お腹もいっぱいになる……それはちょうど恋愛した時に分泌される脳内ホルモンと同じ働き。良い買いものには、私たちが考えている以上の多大な効果が備わっているのである。

とりわけ、自分をキレイにする服や化粧品を買った時のときめきはいわゆる〝買い物依存症〟のメンタリティーがわかるほどのパワー。目の前がパーッと明るくなり、とてもいいことが起こりそうな、ピンク色の予感に包まれる。雑貨などの買い物の何倍ものエネルギーを女に与えると思ってかまわない。

たとえば仕事が忙しすぎて、人間関係の悩みがあって、そのためのストレスが、オシャレをする意欲をのみ込んでしまう場合もあるのかもしれない。オシャレそのものに疲れたのではなく、心身のストレスが原因という場合は、おそらくブランドバッグひとつ買うだけでも、活力がもどってくるはずだ。いや、女の見栄を満たしてくれるという意味で、もっとも単純明快なパワーをもつブランドバッグは、イザという時、やっぱりいちばん頼もしい。

そんなふうに買い物で自分をコントロールできたら、女はもっと楽に生きられる。オシャレに疲れても、その停滞感から自分で抜け出す術を知っている女は、決して魅力を失わない。だからオシャレの疲労回復術は、必ず体得しておいて。

風水的〝開運〟ファッション

風水発想のオシャレを侮るなかれ

女たちの〝占い好き〟は相変わらずだが、一方でパワースポットにパワーストーンにと、スピリチュアルな世界に身をゆだねる人も減らない。もちろんすべては、〝幸せになるため〟。家づくりにおける風水も、細木センセイの〝ご先祖に手を合わせなさい〟という教えも、日頃の行いのすべてが〝幸せになれるかどうか〟に関わってくるという話。

それなら、もっと身近なところで毎日何を着て、何を身につけて出かけるか、それが女の運不運に関係してこないハズはない。〝開運オシャレ術〟なんて、と鼻で笑っていた人も、もっと深いところで、女の装いと風水的な教えとが、重なり合うことを知ってほしいのだ。

たとえば、風水の基本は〝お掃除〟にある。鬼門にあるおトイレの内装や小物は、やっぱり白っぽいものにすべき、というのも、じつは、白はいちばん汚れが目立つ色だから。つまり、汚れが目立つ方が頻度の高いお掃除を余儀なくされるから、運気を良くするのだと解釈してみてはどうだろう。水まわりほど、清潔を心がけなくてはいけないという、人間生活の基本にのっとった教えもそこに見てとれる。

同様に、風水は別名〝寝床学〟と呼ばれるほど、寝室を重要と考えるらしいが、シーツも本来は毎日取りかえるべき、それが無理でもせめて枕カバーは毎日……と言われたりする。従ってシーツの基本色も〝白〟。いやでも清潔を心がけざるをえないよう、自分を追いこんでまで、清潔を死守しなさいという意味？

ファッションもたぶん同じ。トレンドを追うより何よりまず大切なのは、他でもない、いつも〝小ギレイ〟にしていること。コートやジャケットなどは別として、汚れの目立つシャツやシワの目立つ白のパンツなどは、シーツ同様やっぱり毎日〝取りかえる〟方が、確かに女は幸せになれそう。つまり毎日、クリーニングの〝おろしたて〟を着ているべき、ということなのだ。

逆から言うなら、いかにも〝おろしたて〟の白いシャツをいつもパリッと着ている人って、何かものすごく力強い。それだけでとてつもなく強い存在感を放ってる。それってやっぱり良い運気が目に見えているってことなのか。ともかく、女は〝下着選び〟も含め、清潔ということにおいて自分に後ろめたい服の着方だけはしないこと。幸せになるために……。

体勢・姿勢の〝おさまり〟の悪い服は、危ない

〝西のキッチンは良くない〟とか、〝北東の玄関は良くない〟といったふうに、今さら言われても困るような提唱が少なくない風水の家相。しかし風水は、何も無理難題をふっかけようとしているのではない。人が住む家も〝バランス〟や〝おさまり〟が大切と言いたいのである。いわゆる〝動線〟の悪い家では、家族同士が年がら年中ぶつかっているし、ひとりひとりの行動にも大きな無駄が出てきて、イライラの原因になったりする。これはもう単純に、間取りのミス。〝おさまり〟の悪い家である証拠だが、風水の家相をつきつめていくと、これがまた理にかなっていて、それぞれの〝用途〟において、もっとも〝おさまり〟のいい位置を示唆していると同時に、見事なバランスを示している。

おそらくは、そこに生きている人の動きがとつとつとせず、スムーズに気持ちよく生活できるようにという配慮も含まれているに違いない。

ファッションもまったく同じ。それを着た人がスムーズに気持ち良く動けず、身のこなしがとつとつとしてしまう服が、良い服なわけがない。どこかが窮屈だったり、逆にどこかがぶかぶかしている服では、見た目以前に、一日気分がしゃんとしないはず。それでは、いい運気が呼びこめなくて当然なのだ。

服はまず、体の要所要所に、服の角がぴたりとおさまっていることが何よりも大事。そういう服は、理屈ぬきに一日が心地よく、おのずと姿勢がぴんとする。デザイン的にキレイなのはもちろんだが、身のこなしがキレイになるから、それだけで女を美人に見せる。そういう服をさがすのは、家相のいい家に住むくらい女にとって重要なことなのだ。

ちなみにチェックポイントは、肩の先の位置、そで丈、ウエストサイズにウエストの位置、ボトムの丈、ヒップのおさまりにポケット位置……これらのうちひとつでも〝おさまり〟が悪いと、女は表情も存在感もくすむ。そして運気を逃す。それだけは覚えていて。

恋愛運を呼びこむ服は、やっぱり色恋沙汰色？

風水の世界には、もともと〝色風水〟と呼ばれる、風水上のカラーセラピーのようなものが存在し、インテリアやファッションなどにも応用されてきた。

そして、つきつめていくとやっぱり、この場所はこの色のほうが自然というふうに〝おさまり〟のいい色がちゃんと当てこまれていることに気づかされる。

たとえば、北にあるキッチンは寒々しくなるので赤や黄色など、あったかさを感じさせるグッズを使うこと、と言われるのは、色の力でバランスをとる提案に他ならない。また、西の玄関には、まさしく太陽を感じさせるような黄色っぽい色みの絵を飾るといいと言われるのも、〝おさまり〟を考えてのこと。どちらも、ちゃんと理にかなっている。

ファッションにおける色の提案も、たとえば恋愛運を高めたいならば、あんまり地味な色の服ばかり着ていてはいけないとされる。黒やグレーなどのモノトーンで全身を固めていると、不思議に異性が近寄ってこないから。それも、恋愛を〝色恋沙汰〟と言い、色気があることを文字通り〝色っぽい〟というように、恋にはやっぱり〝色〟が必要だからなんである。

ともかく風水の世界では、結婚したいなら女はピンクを着なさいと言われるが、確かに風水学上は〝恋愛運〟のことを〝桃花運〟と呼ぶほどピンク（桃色）は重要な色らしい。

でも、全身ピンクの女に男たちがわんさか寄ってくるということはむしろ考えにくく、これはたぶん〝ピンクを着ていると、仕草や物腰が女っぽく可愛らしくなり、おのずと男に対して素直になれる〟という自分自身へのマインドコントロール効果なのではないかと思う。

実際、全身ピンクじゃ〝男がかえって引いてしまう〟し、365日ピンクの服じゃ、変わった女に見られるし、そもそもそれはオシャレと言わない。

とすれば、風水度の高すぎるファッションはむしろ逆効果。ピンクにも〝センス〟が見えて初めて、男にも効く恋愛パワーになると考えて。ファッションの命もバランス。〝色風水〟の提案を読み間違えてはいけないのだ。

たまには、女を体中で確認する赤の服

ピンクの服で恋愛運がアップするというのとはまた別に、女としての運気をアップさせたいならば、たまには〝赤の服〟を着ることである。

赤って、ファッションにおいては〝特殊な色〟。思い切り赤がトレンドにならない限り、また意識して〝赤い服〟を着ようと思わない限り、赤の服は増えていかない。何となく赤を着てしまうことってないのだ。〝赤い服〟を着るには、それなりの覚悟がいるからなのだろう。

風水学上、赤は〝子宮〟を刺激するような働きをもつ色とされ、だから女は赤を着るともっと〝女〟になる。周囲も女が赤を着たとたんに〝女〟として意識するようになるとも言う。女が〝赤い服〟を着る時、それなりの覚悟を要するというのも、そういう赤の〝子宮力〟みたいなものを、本能で感じ取っているからなのである。

一方で、赤は女にとってアンチエイジングの色という説もあるが、これも赤は体温を高め、新陳代謝も高めてくれるからなのだとか。いわゆる〝勝負服〟に必ず赤を選んだ女性大臣もいたが、赤はさらに闘争心を高め実行力を高める色とも言われる。ともかく女が生命力を全開にする上で、赤の服以上のものはないのである。

だからたまには、赤の服。〝差し色〟に使う程度じゃなく、赤のワンピースをバーンと着る。眠っていた〝女子力〟が一気に目覚めるはずだ。赤を着ているとセクハラに遭いやすいと言われるのも、それを思い切り裏づける。それはそれで気をつけて。

白パステルを体にのりうつらせる

〝色風水〟の提案には、残念ながら、微妙な中間色の話はでてこない。しかし、各色の色効果は、まったくいかにもな内容。グリーンが心を落ちつかせ、リラックス効果をもつ色なら、茶は安定や家庭運をつかさどる色、黄色は気持ちを明るくし、金運をも呼ぶ色。さらにベージュは、心身の緊張をほぐすとともに、相手に安心感やぬくもりを感じさせる色……というふうに、どの色もなるほどとうなずける色効果を備えており、ほぼ見た目のイメージ通りのカラーパワーを期待していいということになる。

そこで、色風水の教えを、ファッションに応用解釈するならば、どんな色もペールトーン、つまり、〝白パステル〟化すれば、それぞれの色の意味を含みながらも、〝心優しい女になれてしまう〟絶対の色効果が得られると想定していい。

何だかんだ言っても、色効果とは、その色を着たことによって、自らの意識が変わるという、〝自己暗示〟に近いもの。白を混ぜたような繊細で優しいパステルカラーを着て、ギスギスとコワそうな女になってしまうはずがない。色がもっている意味を、女はとても素直に受け入れるから。色ばかりじゃない、服のデザインがもつ印象に対しても、女は敏感に対応し、すぐさま服と同じ印象の女になれる。つまり、あらゆる服は、女にのりうつるのである。

だからどこまでも優しく、清潔感のある女になりたいなら、白パステル。いや、なりたい女をそのまま素直に色にたとえてそれを着る、それでいいのだと思う。今ここであらためて、そういう意識で服の色選びをしなおしてほしいのだ。色は自分にのりうつる……と。

肌の見せすぎは、まさに〝運気が逃げていく〟

家相において〝吹き抜け〟というのは、あまり望ましいディテールではないとされる。文字通り、運気が抜けていってしまうから。特に家のど真ん中、〝家芯〟と呼ばれる部分が吹き抜けちゃっていると、幸せが入ってくるそばから抜けていく。だから吹き抜けにするにも、そこだけは外すこと、なんて言われるのだ。

もちろんちゃんと〝抜け〟はあって、〝風通し〟は良くないといけないが、必要以上の〝抜け〟があると、せっかくの運気がとどまらないということで、これもまた無理のない、スジが通った話ではある。

服だって同じ。首から脚まで、そっくり布でおおったファッションは何だかまったく〝抜け〟がなく、〝風が通り抜けない家〟は空気がよどむと言われるように、人もよどんでしまう。しかし逆に、必要以上に肌の露出の多い服は、家のど真ん中に吹き抜けがある家みたいに、運が抜けていってしまう気がするのだ。

とても単純に、〝露出の多い服〟は一日限りのモテ方はしても、〝本命の女モテ〟はどう考えても呼びこまない。つまり一見、女として運の強そうな匂いは発するものの、結果としてたぶん、肌を見せない女に運気で負けるのだ。ともかく〝肌見せ〟にこそ、人間としてのセンスが丸見えになる。その量や〝おさまり〟に〝バランス〟の良さが問われるのだ。〝美しい肌見せ〟はいいが、違和感や無理矢理感のある肌見せ、そして何より見ていて寒そうな肌見せは、女を不幸にする。まさに服は、女の家相なり。

古いモノ、要らないモノを捨てられない不運

風水の基本は〝お掃除〟であり、運気を呼ぶカギが〝清潔〟にあることはもうわかったはずだが、じゃあそれをファッションに置きかえるとどうなるか。繰り返しになるけれど、白いシャツやシワになりやすいボトムなどはいつも〝おろしたて〟を着ていること……というふうに、自分自身に対し、目に見える〝清潔〟を心がけることはもちろん何より大切なのだけれども、それに加えて、〝オシャレの環境〟を整えることも、忘れちゃいけない。

つまり、クローゼットの中がきちんと整理されていると同時に、服を着たり脱いだりする場所もそれなりにきれいになっていること。靴やバッグ、アクセサリーの収納なども、他人に見せても恥ずかしくないレベルに整理整頓されていることが、とても大切であると言いたいのである。

まずひとつに、いくら上手に化けても、そういうオシャレ環境の散らかりは、その人の見てくれに丸出しになってしまうこと。もうひとつ、乱れた環境の中で服を着ると、それだけで

〝荒れた印象の女〟に見えてしまうこと。

風水上、家の中の汚れは健康ダメージにもつながりやすいというが、オシャレ環境の汚れは、知らず知らず形に現れ出てきてその人を言わば〝不健康な女〟に見せてしまうのだ。当然、清潔感にはつながらない。幸せそうにも見えない。単純に、見た目の幸福感が新たな幸福を呼びこむと言われるだけに、不健康感はそれだけでマズイのだ。

ちなみにオシャレ環境を荒らすのは、やっぱり一にも二にも、〝古いモノ〟を捨てられない性分。収納にゆとりがあれば、ひっくり返ってもモノは散らからない。スペースに対し、モノが多すぎるから、環境は荒れるのだ。たぶん二度と着ない安ものの服と、捨てるに捨てられないブランドの紙袋なんかがいっぱいになっているから気持ちも荒れるのだ。そういう無駄を捨てるだけで、きっとすっきりした清潔な日常と香り高き幸運が、たちまちやってくるのに。

アンティークが、女を幸薄《さち》そうに見せるワケ

アンティークが一概にいけないものだとはもちろん言わない。しかし宝石や時計など、持ち

主のさまざまな想いが濃厚に蓄積しやすいアイテムのアンティークは、安易な気持ちで身につけるものじゃないと思う。

たとえば、かつて一大トレンドとなった〝ターコイズ〟のような半貴石は、アンティークものでなくても、いわゆる〝パワーストーン〟の一種だからそれなりの注意が必要。身につける本人にそれなりのパワーがないと、その〝気〟に負けてしまうのだとか。

そもそも、〝お守り〟となるようなパワーストーンは、良い気も悪い気も取りこんでいて、単純なオシャレにするには、力が強すぎる。一説に、アクセサリーにするならば午前中の太陽光に2～3時間さらして浄化するとよいのだとか。

そして前向きな気持ちでもって身につけること。ぼんやりつけてしまってはいけないのだ。言いかえれば、そのモノに対してのリスペクトが必要、ということだろうか。今を生きているアンティークは、代々の持ち主に大切にされてきたモノ。自分自身も同等の、モノを長く長く愛して慈《いつくし》んで大切にする心をもって所有してないと、モノが不機嫌になるということなのかもしれない。

だから、コーディネートする時もていねいに心をこめて。コレじゃなきゃダメなのという強い動機をもって、組みあわせてあげること。アンティークものはそういうオシャレにおける大切な精神をも教えてくれるのだ。

風水におけるお掃除の大切さも同じだけれど、オシャレ以前に、生きていく上での大切な気がまえを外さずに。それが結果的には、美しさと幸運の両方をもってきてくれるのだから。

雨ニモ負ケズ

雨の日ほど、めいっぱいのオシャレをするススメ

朝起きて〝どしゃぶり〟だった時の落ちこみ……それは独特の不快感をともない、その場でストレスとなって、私たち女から〝生気〟を奪っていく。つまり、雨だっただけで、私たち女はすでにもう、お天気の日より少しブスになってしまっているのだ。

なのにそういう日は、それに輪をかけて誰もがオシャレに否定的になる。

いや、雨の日の憂うつ、それ自体がオシャレができないことへの憂慮であり、そうやってオシャレを諦めた時点で、もう今日一日を捨ててしまうのかもしれない。

でもだから、雨の日こそめいっぱいのオシャレをするべきなのだ。一年の30％ぐらいは雨の

日。それを全部〝冴えない女〟で生きるのか？　それより世の中の女たちがみんな雨空みたいにどんよりしている日に、ひとり生き生きオシャレをして、キラキラ輝いたら「あの人は誰？」ってマークされるだろうに。

じゃあ、何をどうすればいいの？　そもそも雨の日はなぜ、あの服は着られない、この服は着て行けないと、端からバツをつけてしまうのかと言えば、それはひとえに〝まっとうな靴〟ははけない〟と思うから。そう、オシャレは靴に始まり靴に終わるとも言うけれど、雨の日ほど、〝まっとうな靴〟がはけないからオシャレが始まらないのだ。

かと言って、雨の日に美しい靴を無理矢理はくのも何だかあわれだ。雨の日の美しい靴は、もうそれだけで、〝かわいそう〟に見えてしまうから。オシャレというのは、それがどんなに美しい服でも、ひどく寒そうに見えたり、暑苦しそうに見えたりと、生理的な〝同情〟を買ったらおしまいなのだ。だからどっちにしろ、雨の日の女を醜くする元凶は、靴。靴を諦めることは、女を諦めること。

そこでまず、本気を出して〝雨の日専用〟の美しい靴を買う。ハッキリ言ってこれがないと何も始まらない。いわゆるレインシューズなら、とことんオシャレなレインコートを買いたくなる。防水ビニールなればこその、カワイイポップな原色フラットシューズなら、なおさら、キュートなレインコートを買いたくなる。そういうふうに、いつの間にか、オシャレが思い切り前向きになっていることが何より大事。それが雨の日のどんよりした女に、生気を取りもどす絶対のカギになるのだから。

ひと揃い、完全無欠のコーディネートで雨を待つ

もうひとつ〝雨の日ファッション〟は、ちょっと嫌味なくらいに完璧に、トータルコーディネートしておくこと。もちろん、コートと帽子、靴が〝ひたすらお揃い〟みたいな〝完璧〟はむしろ野暮。でも、少なくとも雨のコーディネートだけは例外で、雨用のアイテムは練りに練ったコーディネートで、あらかじめ取り揃えておいてほしいと思うのである。

大切なのは〝備えあれば憂いなし〟ってこと。私にはあの〝ひと揃い〟があるから、いつ雨が降っても大丈夫。それどころか、雨の日が待ち遠しいくらい……そういうふうに自分自身に思わせたいのだ。そういう心の高揚が、雨の日にひとりキラキラするためのマストなのだから。

さらには、雨の日用でオシャレしようとすると、必然的にとてもカラフルで、とてもキュートな〝ひと揃い〟になってくるはずで、じつはそこがミソ。いつもはあんまり着ない、オレンジやらイエローグリーン、ピンクや赤といった、ポップな色をあえて選べてしまうのが雨用のアイテム。お天気の日じゃ、〝はしゃぎすぎ〟に見えて、とっても着られない服が、死にたくなっちゃいそうなどしゃぶりの雨の日なら、むしろエレガントに見えたりする。だからやっちゃっていいのである。思い切り。

女はもともと派手な色を着れば、それだけで元気になるという単純なしくみを持っている。派手な自分がうれしいという〝本音〟を持っている。だから雨の日だけはそれを思う存分やったらいい。ここぞとばかり派手キュートをやったらいい。それが、雨の日の分だけじゃなく、日常的にたまっているストレスの解消にもなりうるのだから。

ちなみに、赤地に白い小花の雨用コートドレスには、白のエナメルみたいなブーツを合わせ、日頃はできない派手キュートを。その代わり傘は黒で締める、みたいなコーディネートはどうだろう。雨用の組み合わせは〝何組〟もいらない。とりあえずひと組あれば充分。だからこだわれるし、お金もかけられるはず。

ところで、雨の朝になると、あの時あの白いエナメルを買っておくべきだったと後悔する人が減らない。つまり、雨用オシャレがなかなか成立しないのは、〝喪服〟なんかと一緒で、ふだんの買い物でわざわざ時間をかけて探さないから。結局いつも後まわしになって、イザという時に〝ない〟から。従って雨の日にキレイでいる最大のコツは、ともかく今すぐ〝ひと揃い〟を買っておくこと。備えあれば、雨の日が怖くない。

月曜日の朝は、いちばん好きな服で出かける

通勤において〝雨の朝〟の次に憂うつなのは、〝月曜日の朝〟である。会社に〝好きな人〟でもいない限り、月曜日の朝を楽しみにできる人なんて、いない。いかに仕事が楽しい人でも、〝週末〟が終わった空しさは必ずあるはずなのだ。

ところがその月曜日の朝、〝どんな気持ちで会社に行くか〟は、その一週間の自分を決定する大きなキモになる。

朝、上機嫌で「おはようございます」が言えた日は、〝一日中、善意の自分でいられる〟し、逆に不機嫌に朝を始めてしまうと、その日一日、〝カンジ悪い不機嫌な自分〟のままで過

ごしてしまうハメになる。一度スゴんだら引き返せないように、周囲に対しても自分自身にも引っこみがつかなくなるからなのだ。

だから朝いちばんからいい顔を作っておくのは、イメージを操るためにも、自分の気持ちを操るためにも、絶対のルールなんである。週の始まりも同じ。月曜日に生き生きした表情で玄関を出ていくと、不思議だけれど、その一週間がずっと生き生き溌剌《はつらつ》とし続けられる。

だから提案。月曜日の朝は、あえて〝いちばん好きな服〟を着ていく。好きな服は、似合う服。好きな服は、女が必ずキレイに見える服。そして好きな服は、きっと元気が出る服であるはずなのだ。それを着ると、自然に顔がほころぶだろう。いちばん好きな服を、あえて憂うつな月曜日に当てる……それが、賢いＯＬの知恵なのである。

みんなが何となく不機嫌な〝ゲツアサ〟に、キラキラしていると、それだけで女はとってもデキそうに見える。少なくとも上司はそういう部下が好き。覚えていて。

イヤな仕事がある日は、地味か派手‼

今日は大キライな会議がある。あるいはとっても苦手な外まわりの日。自信のないプレゼンの日。そして間違っても、ほめられたりはしない反省会の日……。誰にだって、イヤな仕事や憂うつな日もある。そういう日に何を着ていくかを考えてみた。ひとつ確かなのは、イヤな仕事の種類によって、持っていくべき気持ちの方向もそれぞれ異なるということ。だからイヤな仕事がある日も〝いちばん好きな服を〟というほど簡単じゃない。

たとえば、反省会はどうしても、自分のミスや〝欠点〟〝負い目〟となることに注目が集まってしまうわけだが、そういう場合は、当然のことながら容姿でも逆に、目を引きたくない。なるべくおとなしく、小さくまとまっていたい。だから、どこと言って特徴のないシンプルな服をさらっと着ておきたいし、逆に憂うつで不安なプレゼンの時などは、自信と度胸を上のせするためにも、パンと華やかな印象を作っておきたいから、これはぜったい美人に見える服。プレゼンに限らず、人前に出て評価を得たい時の基本だ。ともかく着る服がメンタルに与える影響というものがどれだけ大きいかを、そういう場面で思い知るはずなのである。

同じように自信がない時にも、心の向きは2種類あるはずで、注目を浴びたくない、自分を小さく見せておいたほうが事がうまく収まる日は、地味な服を着ておくだけで心が落ち着き、かえって自信がつく。自分を少しでも大きく見せておきたい日は、意識して派手な服を。派手さはそれだけで勇気をくれるから不思議だ。そういう選択によって、少なくとも憂うつが和らぎ、気持ちが安定する。そしてキレイに見える。そのメカニズムを知って、服選びで自分の気持ちをコントロールできることも、立派な仕事のキャリアなのである。

人間関係に悩んでいる日は、ソフトピンクを選ぶ

人間関係がうまくいっていない時……ろくろくオシャレしないで出かけると、関係はもっと悪化する。トゲトゲしくなっていたり、被害者意識で傷んでいる心が、もっとささくれ立つからだ。

会社に行くのにオシャレが必要なのは〝好感度を高めるため〟ばかりじゃなく、自分をガマ

ンさせるため。仕事にはいろんなガマンや忍耐が必要で、オシャレはそれを投げ出してしまわないためのブレーキにもなっている。とりわけねじれた人間関係を、それ以上ねじ曲げないための大きな歯どめになっている。

なぜなら、オシャレをするほど、女はそのオシャレを汚して台無しにしたくないと思う。自分にキレイの自覚がある日ほど、そういう自分をイヤな女にしたくはないと思う。だから、人間関係がうまくいっていない時ほど、〝きちんとキレイ〟を心がけるべきなのだ。キレイすぎて反感を買わない程度に。そして自分が高飛車にならない程度に。

ちなみに、自分の心を丸く柔らかくしたいなら、肌色に溶けこむようなソフトなピンクの服。ピンクはお母さんの胎内にいた自分の〝無意識の記憶〟を取りもどさせる色。そういう色の服に全身を包めば、自ずとまろやかな自分ができあがる。相手に対して、トゲトゲしない、穏やかな自分ができあがる。

そういう服の効果を、あなどらないでほしい。毎日毎日ていねいなオシャレをしている人って、それだけ気持ちも安定している人。〝ゆとり〟があるから、ていねいな身づくろいができるとも言えるが、逆に自分に心をこめると、それだけで理屈ぬきの幸福感につながるから、人にも優しくできるのだ。

少なくともモメている時は、〝強そうな自分〟を作らない。状況がどうであれ、穏便な自分を作って出かけること。それが社会人として美しく生きる心得。

女は失恋したら靴を2足買う

まず、失恋は〝取り返しのつかないこと〟ではない。ちゃんと取り返しがつく。場合によっては、アッと言う間に新しい恋人ができたりして、かえってラッキーなんていう逆転もありうるのだ。だから、大切なのは失恋のあとの立ち上がり方。妬みとかキズとか、そういう負の感情を残さずに、すっくと清々しく立ち上がってしまいたいわけである。

その時にキモとなるアイテムが、これもやっぱり靴。雨の日のリセット同様、失恋からの心のリセットも、やっぱり靴がカギ。

どのレベルの靴をはくか？　それは女のランクの目安にもなっている。1万5000円クラスの靴をはく人。3万円クラスの靴をはく人。そして7万円以上の靴をはく人。それがもたらす明快なランクの差。実際のランクがどうかより、本人の誇りに大きく影響してくるのだ。

だから、失恋前よりワンランク上の靴を買うこと。1足だけだと背のびしたみたいだし、いわゆる〝一張羅〟じゃ意味がない。だから2足買う。それが明らかな前進になり、昨日までの自分を脱ぎすてて、新しい自分を始める脱皮にもなる。靴を変えただけで、高い女になれるのだ。

当然、靴をランクアップさせると、選ぶ服もランクアップ、みるみる間にオシャレの質そのものが上がっていく。気がつくと、女の格が上がっている。あんな男、捨てて良かったと思えてしまう。だから靴を2足。できれば2足同時に買う。そのお高い足で新たな一歩を踏み出してほしい。

心がサビたらパステルトーンの美人服を探す

失恋は、もちろん女の自信を少なからず失わせるが、それも気持ちのサビのせい。いや心ばかりじゃない。女は失恋すると、心身が丸ごとサビつくような感覚を覚えてしまう。まだ20代なのに、もうこの先恋人なんて現れないかもしれないなんて思ってしまうのは、そういうサビつきのせい。美容的に言うと、サビは〝老け〟であり、目に見える疲労感。放っておくと、本物の老けにつながりかねない。

実際に、人の体は大きなストレスを感じることで発生する活性酸素によって、少なからずサビつくと考えていいのだし。

そこで、今日から気持ちを切り替え、前向きに毎日をやっていこうと一気に立ち上がるタイミングでは、意識してパステルカラーの服を選んでみてほしい。特に効果的なのはブルー系パステル。とても単純に、パステルカラーの清らかな色み、明度や彩度の高さが、そういうサビ感を帳消しにしてくれる。パステルカラーにはそういう〝浄化力〟があるのだ。とても不思議だけれども、たかが〝服の色〟が、気持ちだけでなく、体の中のにごり感まで浄化してくれるのだ。

ちなみにパステルトーンは、なるべく白と合わせて。〝浄化力〟を強化するのが、にごらせないコツである。また自分の肌色に映えるパステルを選べれば、女は必ず美人に見える。それも含めて〝浄化力〟ある色の、不思議なチカラなのである。

恋やつれした女ほどよくモテる

トレンドのオシャレには、もともとけっこうなエネルギーがいる。心身ともに〝健康体〟でないと、出せないような力を必要とする。

これに対して、心身の消耗度がいちばん大きいのが、たぶん失恋。だから、失恋によって負った心のキズを、トレンドで癒そうなんていうのは、しょせん無理な話。本当はオシャレがとても必要な場面なのに、オシャレをするだけのパワーが出てこない。失恋の後、みるみる野暮ったくなってしまう人がいるけれど、たぶんそのため。一時的でも、力なくトレンドに取り残されるからなのである。

だからこうしてほしい。毎朝、意識して自分を大切にするオシャレ。毎朝の自分をできる限りていねいに作ってあげる身づくろい……。

失恋した時の消耗は、女を病みあがりみたいに見せるが、そういう表情も、ていねいに身づくろいしてあげることで、繊細な透き通ったような美しさに見えるもの。

恋人に手ひどくフラれた後って、じつは意外なほどよくモテて、たちまち新しい彼氏ができてしまうケースが少なくないが、それも男の目には、失恋やつれしても尚、美しい女が、たまらなく官能的に見えるかららしい。

でもそういうキレイを生み出す決め手は、自分を乱暴に扱わないこと。下着ひとつつけるのでも、ていねいに、体を美しく整えてあげるように、肉を集めながら、メリハリを作りながら。どうせしばらくは誰にも見せないから、なんて上下バラバラではまずい。そういう時こそ、上等なセット下着を。そこに洋服をとりわけていねいに着せていく。すみからすみまでを大切にいたわるように作ってあげる。すると、女は透き通るのだ。新しい服やバッグを買ってしまえば、女はそれだけで確実に元気になるが、そういう買い物パワーがない時は、ともかく10分、20分早く起きて、あわてず穏やかな気持ちで、自分を大切に大切に形づくること。たぶんそういうことになら、ちゃんと力が湧きあがるはず。

それはちょっと傷んだ自分のメンテナンス。こういう時にしか生まれない美しさもあるってことを知っておいて。傷んだ自分にこそ、きちんと服を着せてあげる気持ちを持っているかどうか、それが女のキレイを分けるのである。

幸せを着るファッションセラピー

カジュアルのうまい女は、なぜだか大人

女と服の関係は、なかなか抜きさしならないもの。時は'80年代、ヨウジヤマモトなどが提案した黒ずくめのファッションが世界的なトレンドになった頃、日本では同時にコンサバファッションも一大ブームとなった。片やマッ黒ずくめ、片や華やかなお嬢様ふう……まったく両極端のファッションに、女のタイプもはっきりと二分されていた。

当然のこととして、黒ずくめは男に媚びない女が着て、コンサバは男受けを狙う女たちが着ることになるわけで、黒ずくめの女とコンサバな女は、女として水と油のごとく相容れない。お互い〝男にモテない女〟〝男に媚びる女〟というふうに悪口を言いあったりして反目しあ

い、お友だちになどぜったいにならない、見事な女の二極化を見せていた。

たぶん女の服は、〝男との関わり方〟によって大きくタイプ分けされるという宿命をもっているのだろう。つまり、男の目をどれだけ意識するかによって選ぶ服がまったく変わってくる。媚びが何割で、媚びない部分が何割か？　女の匂いが何割あるかで、服の意味が変わってくるのである。

そういう意味からすれば、女としていちばんバランスがいいのがノーブルなカジュアルなのだろう。女に偏ってはいない、かと言って、わざわざ男にアゴを突き出して〝媚びない女〟を演じるわけでもない。だからカジュアルには男性とちょうどいい距離を保つような〝大人っぽさ〟が匂うわけなのだ。

少なくとも、カジュアルがうまい女は人間的なセンスが光る女であると、以前から言われていた。それがなぜなのか、ここでもう一度考えてみてほしい。

女としての欲が露骨に出てこない、しかし女として屈折もない。つまり〝女性性〟と〝男性性〟のバランスが見事にとれている女は、必ずカジュアルをうまく着こなしている。たぶん肩の力が抜けていて、生きることに無理がない、そういう意味での落ちつきが、カジュアルを選ばせるのではないか。

そして〝物わかりの良さ〟や大人としての常識がないと、カジュアルのコーディネートは成功しない。だからこそ、黒ずくめにもコンサバにもない洗練が表現できるのだ。まさに、人柄が服を選ばせていることの、ひとつの証明である。

心優しい女が、やっぱり心地良い服を着る理由

女の服選びの基準ははっきりと2つあり、ひとつは〝自分がなりたい女〟のタイプをそっくり服に託すこと。もうひとつは、〝自分によく似たタイプの服〟を選ぶこと。つまり、どちらにしても女と服はよく似てくる。

ヒラヒラした可憐な服を選ぶ女は、やっぱり性格もヒラヒラしているし、シャープなパンツスーツのようなものを選ぶ女は、やっぱり性格もサバサバしている確率は高い。なりたいイメージの服を着るからなのか、自分に似た服を選ぶからなのか、どちらが先かは不明だが、ともかく女と服は、同じ顔になるものなのだ。

そして〝人柄〟というものが、親にどう育てられたかでその何割かが決まってしまうのな

ら、〝人格形成〟には子供の頃、親にどういう服を着せられていたか、みたいなことも大きく影響している気がする。

母親が子供に服を着せる時、心の美しい子になりますようにと願いながら、丹精こめて美しい色合わせや可愛いコーディネートをしてきてくれたら、その子供は間違いなく心の美しい女性に育っている。そして必ずセンスのいいオシャレな女性になっている。また5歳の頃から全身ブランドもので固められてきたような子供は、そのままいけば、やっぱり金持ちとしか絶対に結婚しない女に成長していくのだろう。そのくらい、服の躾は人間形成に多大な影響を与えてしまうのだ。

だから、母親の手で大切に身づくろいされてきた子供は、必然的にきちんとした心優しい女性に成長する。それも人の運命のうち。女と服はまさにひとつの人生を生きていくのである。

人柄は服の配色に出る

淡い淡いグレーとベビーブルーを組み合わせるというカラーコーディネート……ちょっと想

像してみてほしい。ツートーンのひとつの定番とはいえ、かなりのオシャレ上級者でないとできない色合わせ。そして何よりうっとりするほど優しく美しいコーディネートである。

それをワンピースとスカーフで上手に実践している人がいた。靴も淡いグレーで、グレーとブルーの分量のバランスもちょうどいい。直感的にこう思う。こういう色合わせができる人って、きっと相当に頭のいい、精神的にもバランスがとれた完成度の高い人に違いないって……。

人柄は着る服に出る、でもいちばん端的にその人を語るのは、何色を着るか以上に、むしろ服の配色だろうと思う。きつい色合わせをする人は、やっぱり必ずきついところがあるし、うっとりするほどやわらかい色合わせは、やっぱり〝癒し系〟と呼ばれているような人……。

ともかくその時、自分もペールトーンの女になってみたいと思った私は、同じような配色の服を買っていた。当時の自分のワードローブは、結局のところ白と黒ばっかりで、そういうペールトーンは自分の中にはない色合わせだったのだ。

そしてペールトーンを着ていた日、自分は本当にペールトーンの女になれた気がした。明らかに表情が優しくなる。まさに服の催眠術。

女はわかっていながら服の魔法にかかるのだ。

やわらかいピンクベージュのネイルを塗っている日は、お菓子をつまむのも、ふんわりそっと優しい指先になるのと同じ、ペールトーンを着た日は全身がふんわりそっと優しい体になる。身のこなしが変わってくるのだ。その日その日の女は服が作る！　そう確信した。

ヒールを脱いで、フラットシューズに履きかえたら、穏やかな女になれた

不思議なもので、人間は多少とも高いところに立つと、それだけで自分が少しエラくなったような錯覚を覚えてしまう。そして女は高いヒールの靴を履くと、それだけでイイ女になったような錯覚を覚えてしまう。おそらくそこには、単純な高さと〝ハイヒールというアイテムに宿る濃厚な女〟がダブルで作用し、だから女は〝イイ女〟になれるのだ。

たとえば、メイク写真の撮影の時、顔しか写らないのに、モデルにわざわざ9センチヒールを履かせるカメラマンがいる。たとえ足もとがまったく写らなくても、スニーカーを履いた顔と、ハイヒールを履いた顔はまったく違う。まるで別人のようにちょっと高飛車なイイ女の顔になるから、ジャージーのパンツをはいているモデルにも、９センチヒールを履かせるのだ。

逆を言えば、いつもハイヒールの女がフラットシューズに履きかえた時、たぶんまた違ったオーラが生まれるはずだ。

少なくともいつも肩に力が入っていたハイヒールの女は、程よく力の抜けた優しい表情に変わる。フラットシューズの女は、ただ溌剌と軽やかに動きまわれるだけじゃなく、ある種の包容力や大らかさをもつことになるはずなのだ。それも、上から見おろしていたのでは見えないものが見えたりして、今まで気づかなかった気配りができてしまうような、視野の変化が起きるからなのだ。

女が履く靴によってハッキリとタイプ分けされるのも、歩き方が変わり、走り方が変わり、視野も変わるからなのだと思う。ハイヒールとフラットシューズの高さの差なんて、ほんの5〜6センチ。しかし人間の目線の5〜6センチは人の気持ちを大きく変える。たとえば仕事場でも、必要以上に頑張りすぎず、謙虚になれるかもしれない。デートでも、「ほら、こっちよ」と彼氏の前をタカタカ歩くんじゃなく、一歩下がって彼の腕にぶら下がって、ゆるゆるできるかもしれない。だから時にはあえて、フラットシューズ。

週に3日は、緊張する服

3日間、外出しないで部屋でグダグダと過ごすと、顔も体も明らかに少しゆるむのだそうである。化粧をしない。ストッキングをはかない。靴も履かない。きちんとしたブラジャーをつけることもないかもしれない。だからどこからともなく体中がゆるんでくる。服を着ること、メイクをすること、そういう身づくろいそのものがじつは体中の〝ナチュラルリフト〟になっているということなのだ。

身づくろい自体がそこまでの力をもつのなら、逆に通勤服がもたらすストレスというのもまた、中途半端なものではない気がする。ある統計は、男女を問わず、カチッとしたジャケットを3日続けて着ると、肩がこるなどの症状とともに、見えないストレスが蓄積すると伝えた。シャープで固めの通勤着を着続けると、背すじはのびるものの、確かに顔の表情がちょっとコワくなる。だからこそ女は、自ずと表情が和らぐやわらかい素材の優しい服を時々さしこむ、といった装いのコントロールをすべきなのだ。自分をいやでも頑張らせピンとさせる服と、自分をふんわり優しくさせる服、両方を上手に着分けてこそ、女は毎日美しくいられるはずなのだから。

胸もとフリルのブラウス、やわらかいニット、体にソフトフィットするワンピース、そういうものを身につけると、女は本当に柔和な顔になる。自分の体もしなやかになったように感じる素材、自分の体もやわらかくなったように感じるデザイン。そういう基準で服を選ぶと、それだけであらゆるストレスがいやされるはずなのだ。

3日緊張感ある服を着たら、3日リセットできる服を着る。そうやって装いでバランスをとれるのも、仕事の能力のうち。両方ある女が美しい。そう、見た目にも。

幸せになれる服、幸せをのがす服

さてあなたは、一体何のためにオシャレをしているのか？　考えたことがあるのだろうか。モテるため。誰かにほめられるため。自信をもつため。愛されるため。自分自身のため……表現はいろいろだろうけれども、究極的には〝幸せになるため〟という巨大なテーマがあるのじゃないだろうか？

幸せになるため……。オシャレも着地がそこにあるなら、じゃあ、人は何を着ればいいのだろう。みんながともかく幸せになりたい時代、〝幸せ顔のメイク〟がひとつのトレンドとなったように、幸せになりたいなら、まず自分自身が見るからに幸せそうに見えなきゃいけないということだろうか？

確かに、幸せは幸福感をひとつの呼び水にして、自ら呼びこむべきもの。不幸そうな女に幸せは絶対やってこない。幸せは幸せそうな人めがけてやってくるものなのだ。

ただし、「私はあんたたちより10倍幸せ！」と言っているような幸せだらけの服では、逆に幸せのほうも、もう充分、と逃げていく。幸せそうだけど、幸せすぎない、そのバランスが大切なのだ。

というより、女の装いはつねにまわりの人をこそ、心地良く幸せにするものでなければならない、ということなのだろう。つまり〝自分ひとりが幸せです〟という装いでは、幸せは呼びこめないということ。体中に、いろんなブランドものをいっぱいつけて、合計１００万円みたいな装いは、本人は思い切り幸せでも、周囲を萎縮させる。だから金にあかせたゴージャスは、決して美しい装いとは言えないし、そういう装いを糧として生きている女には、穏やかな幸せがやってこない、という話なのである。

ともかく女性の美しさは、いつもまわりの人を心地良くさせる種類のものでないといけない。装いも、見る人をまず心地良くさせるのが大前提。他人を心地良くさせる服は、結果的に自らも心地良くさせる。両者とも心地良い……そこにポッと幸せが生まれる。そういうものなのではないだろうか。

ふだん着を大切にする人が、幸せになれる

「私なんて、家と会社の往復で、本当につまらない……」そうぼやく人に限って、家で過ごす自分をまったくぞんざいに扱っていたりする。人生の充実は、何でもない当たりまえの日常が、いかに豊かであるかにすべてかかっているのだと思う。

だからたとえば、人生なんてつまらないと思っていたのに、上等なバスローブを買ったとたん、何だか知らないが生きていることが楽しくなったと言った人がいたけれど、本当にそんなもの。家でひとり過ごす時の自分に、多少とも手間をかけてあげるだけで、日常は命を吹きこ

まれたように生き生きとし、人生そのものが華やかになった気がしてしまう。

だから、幸せな気持ちになりたいなら、まず家にいる時の自分を大切に取り扱うことから始めるべきなのだ。

あなたのふだん着って、どんなだろう。ふだん着用にと、あらためて服を買うことはむしろ少ないのかもしれないが、どんな自分で日常を生きていたいのか、それをハッキリと頭に描いて、家でリラックスするための服を、外出着と同じだけの思い入れできちんと選んでみてほしい。外出用にはできなくなった古臭いデザインのニットなんかを着てしまうと、ふだん着とはいえ、不思議にリラックスはしない。体を休めることはできても、何か心が貧しくなるばかりで、豊かな安らぎは得られない。こういう場面にこそ、たとえば上質なルーズニットのゆるゆる感をていねいに当てこむと、何とも豊かで優雅なリラックス感が押しよせる。

装いは、いちばん効く暗示。家でひとりで過ごすわずかな時間もムダにせず、自分に暗示をかけて、かけ続けて、幸せを呼びこんでみてほしい。

とりわけ誰にも会わない、誰にも見られていない自分がどれだけ美しいかで、女の値段はある部分決まる。だから、ふだん着に手を抜かないで。何気ないけれど、幸せな日常のために……。

恋する服、３段活用

友だちから恋人に変わる服

男は、〝ずっと前から知っていて、友だちとしか思ってなかった女性〟に、ある日突然恋をしてしまうことがあるのだという。

たとえば会社の同期で、いつもグループで遊んでいたような男と女、つまり知りあって何年もたっている間柄なのに、何かの拍子に、急に思いついたように男が女に付き合ってほしいと言い出す時、告白のきっかけとしてありがちなのが、じつはたまたまの〝その日の装い〟だったりする。女の服が、男に突然恋をさせることって、実際にあるのだ。

男ってそんなに単純？　と驚くかもしれない。でも、男はそんなに単純なのだ。今までカジユアルな服しか着なかった同期の女が、ある日突然フェミニンでエレガントな服を着てきたら、この子ってこんなに女っぽかったっけ？　とその場で恋愛感情を持てるくらい、男は本能的で直情的で単純なのである。

でもそれを、私たち女は好都合だと思うべきなんじゃないだろうか？　何しろ服一枚で相手は恋に落ちてくれるのだから。

この時、ツボとなるのは言うまでもなく〝フェミニン〟ということ。女らしさが匂いたつ服を選ぶのは基本中の基本だが、ひょっとするともっと大切かもしれないのが、〝意外性〟のほう。男は女の意外性にとても弱く、瞬時に恋におちるのは、その女性に〝別の女〟を見た瞬間……がとても多いのである。

たとえば、いつも肩におろしている髪をある日突然ポニーテールにしたり、アップヘアにしたり、それだけで男はドキドキするのだそうである。いつもパンツばかりの女が、ある日突然スカートをはいた、それだけで男はドキドキするのだそうである。だから男たちをいかに驚かすか、〝奇抜〟で驚かすのじゃなく〝意外性〟で驚かすか⁉　意識している同僚がいてもいなくても、女はそういうオシャレをいつも心がけていてほしい。思いがけないところから、恋がやって来るかもしれないのだから。

ちなみに、とてもオシャレな人は、とてもよく自分を変え、意外性をいっぱいつくるが、中途半端にオシャレな人は、自分を頑《かたく》なに変えない傾向にあると言われる。気をつけて。いつもいつも同じ自分じゃ、意外な恋はやってこない。

薄い、軽い、ゆれる……男が恋に落ちる服

さて、恋心をひねり出すほどのフェミニンな服とは、どんな服かだが、フェミニンそれ自体は、〝五感すべてで感じるもの〟であるような気がする。つまり、女らしい色と柄とデザインだけでは、フェミニンは伝わらない。むしろ〝ふんわりした印象〟とか〝ゆらゆらゆれる感じ〟が感覚によって伝わっていくものだと思うのだ。風を受けてふんわり舞うような軽やかで薄い布、それが女を〝女〟に見せる最大の決め手。歩くたびに、スカートのすそやすそで口がゆらゆらゆれるような、やわらかいデザインが決め手なのである。

薄く、軽く、ゆれる……そういう服は、ごつい女もたおやかにしとやかに見せてくれ、きつい女も心までふんわり穏やかな女に見せてくれる。とりわけ、肌色にとけこむような、ソフト

なウォームトーンならなおさら、女はたおやかで、見事に女らしい女に見えるだろう。

確かに、服ってスゴイ。服の効きめってスゴイと思う。布の薄さや軽さやゆれ感は、それを着る人の体重や皮膚のやわらかさ、骨格の柔軟さにまでのりうつって、女を一生懸命に華奢に見せてくれようとするのだから。

テロンとしたシルク素材も肌にしなやかに吸いついて、女を華奢にスリムに見せてくれると言ったが、たとえば首にシルクの長ーいストールをくるりと巻くようなスタイルも、女の体の細長さを強調できるし、ストールのフリンジがゆれるたびにフェミニンが湧き出すはずなのだ。

いずれにしても、そういうフェミニンが、男の目には程よい〝スキ〟にうつる。単純に肌を露出することでスキをつくろうとすると、男を誘惑はできるが、恋には引きこめない。スキは安易につくっちゃいけないのだ。肌をいっぱい見せるのではなく、ゆれる服で〝肌が見え隠れしているような錯覚〟を引き出すこと、これが大切なのである。

少なくとも恋する服イコール〝セクシーな服〟ではない。色気をオブラートで包むような服、そう言ったらいいだろうか。男の〝独占欲〟をくすぐるなら、それである。

恋愛まっただ中の服の野暮

恋愛まっただ中の女は、ハッキリいって何を着てもキレイ。そこは分泌量がぐんと高まった恋愛ホルモンが絶対の味方をしてくれる。

しかしながら、恋愛中の女はいつの間にか、装いがチマチマとまとまってくる。不特定多数の男にアピールする必要がなくなったせいなのか、特定の一人の男に愛されればいいやと思ってしまうからなのか、〝全身から放つインパクト〟というものが、しだいに弱まってくるものなのだ。

そもそも男は恋愛中の自分の恋人に対しては、意味なく保守的になりがちで、彼女が少しでも〝挑むオシャレ〟に走ると、思わずブレーキをかけたくなる習性があるからだ。女のほうは女のほうで、彼一人に向かってオシャレをしていると、つまらないところばかりを気にして全体の洗練がおろそかになっていく傾向も。たとえば、遠目には全然見えないようなプチなアクセサリーばかりにこだわって、全身のコーディネートにこだわらない、まさに木を見て森を見ないような視野の狭さが、全体の見た目の印象を、しだいに野暮ったくしていってしまうのだ。

恋人同士は、お互いをいちばん近くで見ることに慣れてしまって、お互いをあまり引いて見ない。でもたまに全面ガラス張りのティールームなんかで待ち合わせして、遅れてやってくる彼女の姿を男が見つけた時、何となく華のない冴えない女になっていたとしたらどうだろう。だから恋愛まっただ中でも、オシャレばかりは不特定多数を意識した、全体としてひとつのインパクトを放てる、言うなればチームワークのいい装いを心がけて。顔から足先までワンブランドでそろえてみるのも、こういう場面ではひとつの方法かもしれない。

他人行儀な１００％完全おめかしのすすめ。恋の持続のため……

恋人同士は、お互いをよく知ることに一生懸命になり、よく知りすぎるから、あきてしまうことにもなりがち。たまには相手の知らない自分をのぞかせたりすることが、恋を長持ちさせるコツとなる。

つまりここでは、恋の始まりの時とはまた別の、〝神秘性〟という名の〝意外性〟を、デートの服の中にしのびこませたいわけである。たとえば、誰が見てもそれとわかる高価なものを時々ボンと身につけると、男の目に女はたちまち神秘的に見えたりするもの。彼女には自分の知らない生活背景がまだまだありそうな、自分の知らない側面がまだまだありそうな、だからちょっと心配になって、もっと好きになる〝恋愛中恋愛〟を引き出せるはずである。

恋愛にそんな駆け引きは不要、としても、ぜひとも心がけてほしいのは、たまに100％のおめかしをしてデートに出かけること。毎回である必要はない。でも1～2ヵ月に1回、ちゃんと予約をしてレストランに行くみたいに、そういう日だけは全身手ぬかりなく、完璧な自分をつくって彼をハッとさせるみたいなこと。

男はまさにこういう時とても単純で、いつもの倍もキレイに見える彼女に、面白いようにほれ直す。いつ会っても完ぺきだと、それはそれでまた相手をあきさせるが、何回かに1回は輝くばかりにキレイ。そういうメリハリが必要なのである。

釣った魚にえさをやらなくなるのは、女も同じ。愛されているとわかっていても、他人行儀なまでに手間をかけておめかしをすべき。その効果は絶大なはずだから。

その彼との〝運命〟度は、カジュアルの相性で決まる

平日のデートは、彼のビジネススーツにうまく添うような上品なオフィススタイルを心がければ、基本的に何の問題もないけれど、ファッション上、よく困ったことになるのが、休日デートのカジュアルシーンである。

〝私服〟が恐ろしく苦手な彼とは、デートそのものが白けたりするはずで、ファッションと恋愛の、案外抜きさしならない関係を痛感するはずだ。

少なくとも、男と女は、カジュアルのセンスやカジュアルの方向性が、そこそこ合っていないとちょっと厄介なことになる。カジュアルのセンスは、カジュアルシーンの豊富な経験、すなわちライフスタイルの充実ぶりから生まれるもので、つまりは私生活の幅や奥ゆき、もっと言うなら生き方の価値観みたいなものが合っていないと、同じカジュアルスタイルを共有できない。カジュアル上手とカジュアル下手は、お互いがそれなりの努力をしないと恋人同士を長くつづけられなくなるものなのだ。

少なくとも、休日に動きまわるスポーツマン、アウトドア系の彼を好きになったら、清潔カジュアルのコーディネートに、しばらくは命をかけてみてほしい。スポーツ系ならボトムは白のコットンパンツを基本に、アウトドア系ならジーンズを基本に、彼とボトムアイテムを合わせると、自然にムードがピタリ合ってくる。ペアルックにはならないよう、気をつけながら彼のファッションを真似してみるのは、ひとつの正しい選択なのである。とても単純に、私たち女が男に合わせていくほうが楽だし、危険も少ないから。

ちなみに日ごろはエレガントな女のカジュアルセンスこそ、彼をハッとさせる意外性となるもの。ともかく恋のためにこそカジュアルの腕を磨こう。少なくとも休日デートに、ウィークデイと同じ靴とバッグで出かけるような野暮な恋愛だけはしないために……。

媚びない、でもスゴまない。倦怠期に狙うこと

恋愛が始まってからしばらくは、オシャレに集中するほどの心のゆとりはないはずなのに、オシャレは自ずとうまくいく。おそらくは自分という存在を丸ごとそっくり受け入れてくれて

いるという強い確信があるために、好きな服を自信を持って着れているからだろう。でも、相手の気持ちを少しでも疑いはじめると、女はとたんに何を着ていいかわからなくなる。

恋愛感情というものは、いつか必ず落ち着いてしまう。冷めると言ってもいい。それが3ヵ月後になるか、3年目になるかだけの違い。ともかく会うだけでドキドキする〝ときめき〟期間は、だいたい3ヵ月間で終わるとはよく言われること。これは科学的根拠があることなのだ。〝ときめき〟をもたらすPEAという脳内物質のピークは、もって3ヵ月……だから、問題は、その時に何を着ているか、なのである。

大切なのは、そこで妙に可愛くなったり女っぽくなったりと、服で引きとめようとしないこと。むしろこういう時には少し距離をおいて遠目から「やっぱりいい女だった」と思わせるのが得策。だから感覚的には〝カッコイイ女〟を狙うのである。つまり、少し冷めた時に、ベタベタまとわりつくような女っぽさはいらない。むしろクールでシャープな装いによって、ひとりでも生きていけそうな毅然とした美しさを見せつけるのだ。

いつもスカートの人は、パンツをピシッとはいてみて、〝始まり〟の時のように、もう一度意外性を持ってくる。意外にぺったり依存してこない、そういう意外性を狙うのである。

たとえばノリのきいたシャツにペンシルストライプのパンツみたいな……。急にそういうマスキュランなスタイルで現れた〝彼女〟が自分から離れていってしまうのでは、という不安を男につきつけられたら理想的。もう、こっちのものである。

別れ話の服ってあるのか？

今日は〝別れ話〟になるかもという日。もちろん、着ていくものを吟味するゆとりなんてないのかもしれないが、もしもそういう余力が少しでもあるのなら、聞いてほしい。

言い争いになりそうだったり、自分が取り乱しそうになったり……そういう予感があるのなら、せめてそうならないような抑制をきかせる意味をこめて、シンプルで〝きちんとした〟言ってみれば四隅がきちんと整った服を選んでみてほしい。服はそういう時、いい意味で気持ちをコントロールしてくれる。ビシッとした服を着ていれば、よほどのことがない限り、自分自身もビシッとしていられるみたいなこと。だからこういう場面こそ、ファッションセラピーを有効利用すべきなんである。

と言っても、カチッとしすぎる服では文字通りカドがたつ。別れ話になると急に言葉が他人行儀になって、弁護士みたいな語り口になってしまうのは、結論がどう出ようと何だか野暮。装いも、きちんとはしているけれども、肩のこらない、窮屈さを感じさせない服を選ぶべき。心地よく胸を張っていられ、話が長時間になっても自分をイラだたせず、くたびれさせない着心地のいい服で、のぞむべきだ。

意外と狙いめなのは、'60年代ふうのコンサバスタイル。しっかりしたジャージー素材のサマンサ風ワンピースは、四隅がきちんと揃っていて、シンプルだけれど威圧的でない。ましてや別れ話が本当に別れ話になって、その場で「サヨナラ」を言うことになっても、帰り道が惨めにならないような明るさと軽快なゴージャスさに満ちている。何と言っても、別れた男にいつまでもぐちぐち後悔させるくらい別れ際に〝いい女〟を見せつけておきたいのだ。逆に、もう一度やり直そうという話になった時も、そういう服だと人情味や幸せ感も醸し出せて、なかなか重宝……。

結局、破局。別れ話が成立し、本当にひとりになってしまったような時、さて女は何を着よう。別れてしまっても、日常は淡々と進んでいき、オフィスでは何事もなかったように仕事をするしかないわけで、プライベートが顔に出ない女が、オフィスでは誰よりも美しい。

しかしそのためには、ここでもまた心を装いでコントロールするファッションセラピーを。ここはもう迷わずにキレイ色の服を着てほしい。美しいペール系のピンクやブルー、オレンジなど、誰から見てもキレイ色の服は、それだけで人の心を洗い、透き通った気持ちにしてくれる。後ろ向きになりがちな女を、無理矢理にではなく自然に、反射的に前に向かせてくれるのだ。

そして何より、たちまち自分を切りかえて、新しい恋を探すなら、なおさらしばらくはキレイ色の服しか着ないくらいの気概を持って、透明感のあるピュアな装いを心がけてみてほしい。できるならマルチカラーにも挑んでみて。

逆を言うなら、キレイ色やマルチカラーなどの幸せ服の象徴みたいな装いは、あっけらかんと毎日を楽しんでいるような女より、どこか憂いを漂わせた半分不幸な女のほうが、その透明感が透き通り、マルチカラーの元気さも大人っぽく着こなせるはず。

失恋の消耗は女を〝病みあがり〟みたいに見せると言ったが、じつは病みあがりって顔色はよくないものの、肌に不思議な透明感と均質感をもたらしてくれる。だからキレイ色と、デリケートな部分で共鳴を起こすのだ。別れ話に泣く時にしか似合わない服もあるのだということ、覚えていて。

3

自分に本当に似合う服が知りたい人へ――

大きい人の服、小さい人の服

大きい人、小さい人、服に困る人ほど、オシャレせよ！

服って結局は〝普通にスタイルのよい人〟用にできている。デザインが立ち上がる段階からもう、〝ほぼ理想の体型〟しか想定していない気がする。最近は本来のデザインをこわさないためなのか、かつてはあった幅広いサイズ違いがあんまり作られなくなったのも、それを裏づけている。

「9号より上は最初からお作りがありません」って、悪びれもせずに言ってくれちゃう。だからちょっと太ると、いきなり着るものに困るし、もともと大きい人や小さい人は、このデザイン至上の時代、ますます着るものに困っているのじゃないだろうか。

そもそもトレンドものほど、ハナから〝お作りがない〟から、大きい人、小さい人は、トレンドから締め出されたように感じている。だからちょっと卑屈にもなって、ファッションに対して背を向けてしまいがち。でもむしろ、〝普通サイズ〟じゃない人ほど、ちゃんとオシャレしてほしい。でないとよけいに〝規格外の女〟のムードが色濃く浮き出てしまうから。

まず、こういうタイプは、無理矢理トレンドしなくていい。そう、普通サイズじゃない人ほど、自分のスタイルをかっちり確立し、揺るぎないオシャレをするべきなのだ。サイズの壁など吹き飛ばすような、〝スタイルの強さ〟を見せつけてしまいたいのだ。

だいたいが、大きい人や小さい人はそれだけで個性的。自分のサイズを生かしたファッションを決めれば、〝普通サイズの女〟などより、はるかに強い存在美を放てるのだから。

普通サイズじゃ逆につまらなく見える服って、じつはいっぱいあるはずで、何だかんだ言ってもイブニングドレスは大きい人ほど映えるし、ミニスカートは小さい人ほど失敗なくはける。そういうことを見逃さないでほしいのだ。

ともかくこれを着たら誰にも負けない、みたいなものを探し出してほしい。オシャレとは、早い話が人目を惹くこと。街ですれ違う人をハッとさせること。だったら〝普通サイズ〟じゃないこと自体が有利。そこも決して忘れないで。

すべてのデザインに〝ベストな大きさ〟〝最悪な大きさ〟がある

たとえば靴。22センチの靴と24センチの靴は、たった2センチの差なのに、まったく同じデザインが別の靴に見えてしまう。リボンのアクセサリーなんかがついたフラットめのシューズは、22センチだといかにもキュート。思わず手に取ってしまうほどだが、これが24センチ以上になると、何か変。デザインミスのような野暮ったさが生まれてしまう。わずか2センチの差で、オシャレな靴がダサい靴になるのだ。サイズとデザインの相性って、そのくらいシビアなものなのである。

逆もあって、11センチヒールを従えたゴージャスなサンダルなどは、24センチくらいないと格好がつかないし、ルーズ系のブーツなども大きいほうがカッコいい。22センチじゃまったくバランスがとれず、安っぽさが出てしまう。バッグも同じ。大きいとカワイくないバッグ、とっても大きいからこそカワイイバッグもあること、みんなよーく知っているはずだ。

あらゆるデザインには、理想的なサイズってものがあって、それをハズすと違和感を与えるだけじゃない、明らかにダサく見えるのである。

たとえば小柄な人用のパンツはやっぱりつらい。パンツは基本的に丈が長くないと、フォルムとして完成しない。タックをとったボリュームのあるものなどは尚更、大きい人用でないと絶対サマにならないのだ。

でも逆に少しミニ丈のフレアースカートみたいなアイテムは、小さくないとサマにならない。何よりシンプルなワンピースも、大きいとカワイくない。何だか大きく間のびして、デザインが言わんとしているところがまったく伝わらなかったりする。ウエストをマークできるワンピースならまだしも、ストンとしたボックス型のワンピースなどは、布が大きくなるばっかりで、決してキュートさは出てこないのだ。

基本的に、カワイさを狙ったもの、キュートがテーマの服は、やっぱり小さいサイズが似合うし、カッコよさやマニッシュな感じを狙ったものは、逆に大きいサイズのほうが相性がいい。それはオシャレの揺るがぬ法則と見ていいだろう。

体の大きい元スポーツ選手がカワイイものをずっとガマンしてきたから、引退後に〝憧れのキュート〟をやろうとすると、周りが止める。それはイメージに合わないからじゃない。大きすぎるキュートはキュートにはならないのである。逆もそう。小柄な人がマニッシュを狙うとむやみやたらにイキがっているように見えて損。少なくともやってはいけないことだけ、覚えていたい。〝個性派〟の代償として。

小さい人はマダムっぽく〝ジャッキースタイル〟を狙う

カワイくキュートな服は、小さめのサイズじゃないとカワイさやキュートさがうまく伝わらないと言ったが、でもその前に注意しなきゃいけないことがある。大人っぽさを同時にまとうこと。文字通りの〝大人カワイイ〟でないといけないのだ。

カワイイ服は小さいほうがカワイイのは、言うまでもなく少女の服を下敷きにしたデザインだからだが、それを小柄な人が着たら、そのまま幼さだけが際立ってしまい、洗練にはとうていつながらない。カワイさは大人っぽさと意識的に一緒に使わないと、小柄な人ほど必ず野暮ったくなってしまうのだ。

で、小柄な人にもっともよく映える〝大人カワイイ〟はマダムふう、それもいわゆる〝サマンサスタイル〟か、元アメリカ大統領夫人〝ジャクリーン〟をお手本とする〝ジャッキースタイル〟のような、ちょっとクラシックなマダムふうがいい。

かつてのマダムふうスタイルは、当然のごとく専業主婦で働いた経験もない箱入り奥さまのイメージ（ただしジャッキーはケネディ氏と結婚するまで新聞記者だった）。

そういう良家の奥さんにはなぜだか、いかにも華奢で小柄なタイプが多かったりするからおさまりがいい。加えて'60年代ファッションはそれこそディオールのAラインのワンピースに代表されるように、お嬢さんぽさが残るものだったが、それを逆毛をたてたマダムヘアと、ちょっとセクシーなピンヒールで着てしまうから、マダムキュートというスタイルとして今も生き続け、ひとつの洗練のサンプルとなっているのだ。

小柄な人はその洗練をそっくりまとってしまえばいい。ともかくわざとマダムふうを気取るのが約束。小柄でも、ひときわ大きな存在感を放つカギである。

大きい人はモードな服も着れてしまう。だから着てしまう！

大きい人が言った。大きいだけで目立ってしまうから、なるべく目につかないものを選ぶようにしているの……と。そして実際その人は、いつ見ても何となーく黒っぽいもので体をすっぽりとおおっていた。いや黒っぽくても黒じゃない。もっと曖昧な、何色を着てるのかひとことでは言えないような地味な色。つまり色みもデザインもクリアじゃない、確かになるべく目立たないようにしていることがよくわかる。

でもそれ、間違っている。もったいないと思う。大きい人は何を着ても、やっぱり大きい。黒っぽくボーッとしていても、充分に大きい。いやただ大きいだけになってしまう。なぜその大きさを上手に利用しないのだろう。

じつはその人が、珍しく派手な柄の服を着ていたとき、ハッとした。とても印象的だった。意外に思うかもしれないが、カワイかったのだ。派手な柄物を重たくなく、すっきりと着こなせて、しかもカワイくさえ見えてしまうのは、やはり体の大きさが派手さに負けないからだろう。何でも着こなせるスケールを備えている、何よりの証拠だ。

言いかえれば、彼女がそうしていたような〝逃げの服〟も似合わないし、まっとうなコンサバ服も似合わない。逆に体が目立ってしまう。大きさを目立たせないのが派手な柄であり、マニッシュな服であり、そしてモードな服なのだ。

男っぽい服はもともと〝男の服〟をベースにしているだけに、体の大きさとうまくなじんで目立たなくする。宝塚の〝男役〟が美しいように。そしてモードな服にはとうてい周囲ととけこまない自己主張の強さが宿っているから、体の大きさを打ち消してくれるのだ。ショーモデルの命は背の高さであるように。もちろん逆に、体の大きさが主張の強さを緩和してもくれる。ファッションとはそうやって、自分と服がどんな力関係に置かれるかで、オシャレに見えるか、やりすぎに見えるか、はたまたダサく見えるかがハッキリ決まってきてしまうのだ。だから大きな人は思い切ってモードしてしまう。着てしまえるのだから着てしまう。髪型なんかも思い切ってモードしてしまう。きっと自分の大きさが気にならなくなるはずだ。

体型克服はネガティブじゃない。克服するたび洗練が生まれるのだ

人間の心理として、太っている人はどうしても小さめのサイズを買おうとするし、やせすぎの人は少しでもゆったりサイズを選ぼうとする。でもそれ、多くが裏目に出てしまいがちである。

体が大きい人も小さい人も同じミスを犯してる。大きい人は心理的に小さく見せたくて小さ

いサイズを選びがちだし、体が小さい人は大きめを選びがち。そんなつもりはなくても、知らず知らずそうなっている。でも大きな人はやっぱりパツパツに服を着てはいけないいし、小さな人はゆるみがありすぎてはいけない。もちろん体に合ったものを着るのがいちばんだけれど、どうせ間違えるのなら、逆に間違えてほしいのだ。

かくして大きい人はゆるめのほうが大きさが目立たず、小さい人はタイトなほうが小ささが目立たない。でもそれ、単に体型カバーのためだけじゃない。そのほうが装いがずっと洗練されて見え、服がオシャレに見えるのだ。装いで体型や身長をカバーできると、要するにセンスがよく見えるのだ。自分が少しでもキレイに見える服を選べること、それがセンスだからである。

ただし、大きい人も小さい人も、オシャレにおいて調子にのってはいけない。ひとりよがりに、雑誌から抜け出てきたみたいな決めすぎのファッションに身をつつむと、スキがない分だけ体型を目立たせる。逆にまた身長が違和感をもってしまう。大きな人の〝モード〟、小さな人の〝マダムふう〟も、そのサジ加減が難しいのだ。

自分をブスに見せたり体型を汚く見せる服は、その服がどんなにすごい服でも、いやすごい服ほど悲しいくらいにダサく見える。オシャレってそういうものなのだ。着た人がキレイに見えてはじめてオシャレ。そこを忘れないでほしい。体型カバーのために服を着るなんて、そんなつまらない話はない。つまり体型克服ファッションは決してネガティブなものじゃないのだ。欠点を克服したところに、いちいち洗練が生まれるのだから。

そういう意味でも、身長が気になる人ほどオシャレをていねいに。そして前向きに。体重は変えられるが身長は変えられない。その分ていねいに服を着て、自分をキレイに主張すべきなのである。

顔と服

地味顔、派手顔には、それぞれ宿命的な服がある

似合う服と似合わない服……その境界線がいったいどこにあるのか。明快には解けないままに、人は服を着続けている。

もちろん〝似合う色〟と〝似合わない色〟程度は、みんなだいたいつかんでいるが、自分には寒色系の服が似合わないと思っている人に、じつは薄いブルーの服が異様に似合っちゃったりすることもあるし、自分は黒が似合うからと毎日毎日黒を着ている人が、パーティで黒ラメのドレスを着たら、すっかり演歌歌手になっちゃった、みたいなこともあり、似合う服は〝似合う色〟の基準だけではどうにも判断できないものがある。

人には、宿命的に似合わない服のスタイルっていうものがあり、また色系統に関係なく、どれも絶対似合ってしまうという服の種類があるものなのだ。そして、それを決定するのは他でもない〝顔〟。

たとえば、黒や白の〝絶対色〟は美人ほど似合うというのも、言ってみれば〝ごまかし〟が利かない色だからなのだろうし、目鼻立ちがくっきりハッキリしていると、ごちゃごちゃややこしい色や模様が入っている服が暑苦しく見えてしまうというのも、顔の簡潔さと服が不協和音を起こすからなのだろう。

従って、地味な顔だちは派手な服だと服に負けると思いがちだが、派手さによっては、派手顔よりよほど似合ってしまうケースもある。派手顔が派手な服を着れば下品に見えて当然、地味顔が着ればちょうどいいというバランスも成立するのだ。

逆に地味顔が地味服を着てしまったら、どうにも目立ちようがなく、むしろそういう顔は元気で明るい柄物を着るべき。イブニングドレスのようなゴージャスな派手は、やっぱり派手顔のほうが着こなせるが、大きな花柄みたいな服は、いっそ地味顔のほうがキレイに着られるのである。

とまあそういうふうに、似合う服、似合わない服のカギは、すなわち顔と服の地味派手計算だったのだ。しかし、その計算の答えも、鏡の前に立ってその都度その都度割り出すしかなく、似合う服、似合わない服の境界線は、永遠にオシャレの迷宮なのかもしれない。でもだから、オシャレって飽きないのかもしれないけれどね。

たぬき顔には、キュート系。きつね顔には、モード系

顔と服の関係を語る時、どうしてもハズせないのが〝たぬき顔〟と〝きつね顔〟という顔だち分類である。

ここには地味顔、派手顔とはまた別の基準がある。同じきつね顔にも地味なきつね顔と、派手めのきつね顔というのがあって、それがまた〝似合う服〟の基準を複雑にしているわけだが、きつねとたぬきに似合う服にも、ちょっとした誤解がある。まず、きつね顔がオーソドックスでコンサバな服しか着こなせないと考えるのは間違い。

昔から、パリコレなどの世界的舞台で活躍する日本人モデルは、ほとんど〝きつね顔〟である。日本人のたぬき顔では、メリハリが中途半端すぎてモードな服を着こなせないからで、そ

の点きつね顔は、平面的でありながらも、欧米人にはない〝能面〟のようなインパクトを持っているから、どんなに強烈なモード服も着こなせてしまう。きつね顔こそじつはオシャレに積極的になるべきなのだ。

しかも最先端かつ、大胆なモード服を思い切って着てしまうのが絶対のコツ。人を近づけないような迫力が出せたら、完全にきつね顔の勝ちである。

逆に、たぬき顔にしか似合わないのが、キュート系の服。'60年代のクレージュ風のワンピースとか、いわゆるフィフティーズ風のカジュアルキュート、あるいは『麗しのサブリナ』でオードリー・ヘップバーンが着ていたような、ちょっと女子校の制服を思わせるコンサバキュートまで、可愛らしさと快活さ、お嬢さんっぽい上品とちょっと我がままな感じをミックスさせたキュート系ファッションは、たぬき顔のためにあると言ってもいいぐらい。

ちなみに、ここで言うきつね顔の代表は冨永愛で、たぬき顔の代表は神田うの……そう考えるとわかりやすい。

そして、コンサバ服は、どちらの顔にも似合う。だから永遠に死なない定番であり続けるのかもしれないし、日本の女がコンサバ大好きなのも、きつねとたぬきという、プラス極とマイナス極くらい異なる顔だちを両方大らかに受け入れ、両方ちゃんとキレイに見せてくれる貴重なスタイルだからなのだろう。コンサバ恐るべし。

ロングヘアに、重くて体温の高い服は似合わない

腰まで長いロングヘアをずっとずっと通してきたある女優さんは、〝私服〟がいつもパンツスタイル。それは、ロングヘアにまったりとくっついている〝女っぽさ〟を中和するためで、ロングヘアに〝女っぽさ〟がムンムンした服を合わせてしまうと、〝女濃度〟が濃くなりすぎるだけじゃなく、それが野暮ったさにつながるから、どうしても避けなきゃならないと、その人は言った。

ズロッとした長めのスカートにロングヘアは、似合わない上に野暮ったい。しかしそれもスカートの重量しだいで、たとえばシフォンスカートなら全体の総重量が重たくならないから、ロングヘアにもマッチしてくる。

だってどんなファッションも〝やせて見えること〟が大前提。太って見えたり、体重が重く見えたりしたらオシャレは失格。ロングヘアにロングスカートでは、体重が5キロは重く見え

る。ロングヘアにデニムのもったりしたスカートなんてもってのほか。必ず髪をアップにまとめてほしい。

その一方で、ただハンガーにかけられているだけで、〝女っぽさ〟が匂ってくるような服をロングヘアに合わせてしまうと、今度は全身が持つ体温が高くなりすぎる。どんなファッションも暑苦しく見えたら失格。冬の寒〜い日だって、暑苦しいオシャレは決して美しく見えない。どこかに清々しさがあり、どこかに清潔感があり、見る人を心地よくさせるのが、ファッションだからである。

ロングヘアはそもそも、体温が高い。女の髪にはそういう意味での熱が宿っているのだ。そして女っぽい服も女っぽいというだけで体温がある。結果、見るからに体温の高い、じっとりとした印象を生み出すから、ロングヘアは要注意なのである。

ロングヘアは確かに強い。持っている女子力は力強い。しかしその分バランスを崩しやすいヘアであると、知っておくこと。

シャギーレイヤーで、モードは着こなせない

日本の女が生み出す〝トレンドヘア〟は、代々基本的に服を似合わせるための髪型じゃなかった。むしろ自分たちが可愛く見えるための髪型。

'80年代に10人のうち6人がやっていたレイヤーは、顔のまわりにぐるりと外向きのカールがあるから、顔だちがとっても華やかに見え、だからみんな不思議に可愛く見えた。そしてその後に長くトレンドだったシャギーレイヤーも、顔のまわりのカールこそないけれど、その分、髪色がカラーリングで華を持っていること、そして前髪のダウンバランスや、すっきりとしたストレート感が、フレッシュでキュートな印象を与えるから、みんなやっぱり可愛く見えた。

しかし、一人でもたくさんの女性が可愛く見えるようにと生まれた最大公約数的な髪型だけに、ファッションとのコーディネートは、二の次。なのに、そのときどきの定番ファッションとは、ちゃんとマッチしている。どちらが先というわけじゃなく、お互い何となしにすり合わせを行って、少しずつ形を変えながら、両者その形に落ち着いたのではないかと思う。

でもだから、〝つぶし〟がきかない。服だけ新しいトレンドファッションに挑んでも、髪型がぜんぜんついてこない。少なくともモード系の服はムリ。そもそもがシャギーレイヤーをするような人は、モード系の服を着ようなどとはハナから思っていないのだろうから、そこは丸くおさまるが、でも、たとえばちょっとクラシックな黒い服などは、残念ながらシャギーレイヤーではたぶん上手に着こなせない。軽くウエーブをつけるなり、アップヘアにするなり、黒髪にもどすなり、何らかの髪型チェンジが必要だった。

その後のクシュクシュロングはかなりニュートラルなものに改良されたが、髪型としてあまりにブームになってしまうと、結果的にまた服のトレンドとズレていく。つまり、日本の定番ヘアに何年も拘泥《こうでい》していると、着るものがどんどん限られてくる運命である。それもキモに銘じておくこと。

365日同じ顔……は、あり、である

メイクは、着る服に合わせて変えましょう……そう言い放ってしまうのは、簡単だ。そし

て、ファッションによって毎日メイクを着換えられたら、もちろんそれが理想なのかもしれない。

でも、現実そんなことはやってられない。毎日メイクを変えるなんて、やっぱりヒマな女にしかできないこと。

ただ逆を言えば、仮に毎日同じ顔して出勤していても、それがどんな服にでも合うメイクであれば文句はないはずだ。

ともかく多くの女性は自分のメイクを、それが仮に間違いであっても、自分をいちばんキレイに見せてくれるメイク表現だって信じてしているはず。毎日のメイクは何より〝美人に見えること〟が優先されるわけだが、それに加えて、どんな服を着ていても、顔だけ浮かないことに留意するから、どうしてもメイクが薄く消極的になるが、それが今みんながしている平均的なナチュラルメイク。だから目元は淡色シャドウとマスカラを主役に、唇はグロスを中心にした、すっきりメイクへと落ち着いていったのだろう。

ただ、〝究極の美人メイク〟でも有名なあのゴージャス姉妹だって、あれほどラグジュアリーなドレスを毎度取っかえ引っかえしていながら、意外なことにメイクは毎回ほぼ一緒。ラメやパールづかいを多少変えていたとしても、その違いはほとんど見えない。唇はご存知〝ハチミツカラー〟で、やっぱりほぼ一緒。それでもちゃんと美人に見えて、ちゃんとすべてのドレスを着こなしている。ああいう美人効果を確実に出せれば、メイクなんて毎日同じでもいいのだ。

それを基準顔とし、少し濃くしたパーティメイクと、少し薄くした〝ほぼ素顔〟と、最低3つの顔を持っていれば、女はどこへでも行けるのである。

服と合わせるべきは、むしろチークである

毎日同じ顔でもいいもうひとつの理由は、おそらく服に合わせてメイクを変えると、また〝変えたこと〟がわかるくらい変えると、顔が濃くなりすぎるから。服の色に合わせて口紅を変えたり、アイシャドウの色を変えたりすれば、おのずと色の主張が強いメイクになるし、服のムードに合わせてアインを強くすれば、おのずと自我の強い顔になる。もちろんそれがメイクの面白さだが、現実問題として、ウィークデイにそういう主張の強い顔で出勤したり、ましてや毎日コロコロ顔が変わるのもどうなんだろうと思う。「今日は一体何があるの?」と

それにイチイチ大げさに反応する同僚やら先輩やらがいないとも限らない。

あくまでナチュラルメイクの枠の中で、服のイメージに合わせていくと効果的なのは、むしろチークかもしれない。チークのあるなしで、ガラリと印象が変わるのに、顔全体が必要以上に濃くなることはない。だからおそらく、毎日無節操に顔が変わる印象を与えないはずなのだ。それもチークはあくまで〝血色〟になりすますから。

ふんわり可愛らしい服の日は、ベビーピンクのチークを頬のまん中に丸く入れる。シャープなスーツの時は、オークル系のチークを頬骨にそって少しだけシャープに入れる。黒や白の服の時は、ほんのかすかにパープル系ピンクのニュアンスカラーを入れて、肌に透明感を加えるだけにとどめる……という具合。

それだけで顔と服が見事にマッチし、全身に不思議な洗練が生まれるのだ。

それに毎日のメイクにおいてチークをちゃんと意識するだけで、まさにナチュラルメイクのまま存在感がぐっとアップする。しかも、チークもちゃんとメイクすると、口紅に頼らず顔が完成する。ぬりすぎては意味がないが、〝血色〟の枠の中で上手にメイクすると、これ以上に〝顔映え〟し、〝服映え〟するメイクはない。そう覚えていて。

そして、オシャレ上手は〝口紅〟より〝肌〟を着換える

ウィークデイと週末、あるいはオンとオフ、あなたはメイクをどう変えているのだろう。もちろん家に一日いるような時は別として、毎日同じ勢いでメイクする人も、平日と休日ではやっぱり何かを変えたい。オフィスメイクを休日も続けていると、それこそ、休みの日にもストッキングをはいているみたいな野暮ったさが出てしまって、具合が悪いのだ。

そこで単純に、ファンデーションを着換える。ふだんはリキッド＋おしろいなら、休日は薄づきのパウダーファンデーションのみ。またふだんからパウダーファンデのみの人は、コンシーラーとおしろいのみ……みたいに、ベースメイクの濃度を変える。もちろん肌の透け感レベルをコントロールするためだ。

オフィスの服と休日の服は、色づかいよりまず肌の透け感、抜け感で着分けてほしいのだ。メイクには無意識のバランス制御が働くから、ファンデーションの膜を薄くすると、おのずと口紅やアイシャドウの色も減る。発色もおのずと何割か減になる。色をぬる手指の力が自然

に抜けていくためである。だから、あえて色づかいを変えずとも、ファンデーションを〝半減〟させるだけで充分。気がつけば、休日のファッションにぴったりの顔になっているはずなのだ。

逆に、休日はまったくスッピンという人は、休日に着る服が、どんどんオシャレ度の低い服になっていきがち。いくら休日でもそこまで自分を脱力させてはダメ。休日のオシャレ度がまた平日のオシャレ度を高めていくみたいに、女はオンとオフでいい循環を作れてこそオシャレが磨かれていく。そのためにも、休日には休日の〝透け肌メイク〟を確立させて。不意に彼が訪ねて来ても大丈夫。オシャレ上手は、色よりも何よりも肌を着換えるのである。

ゴールドな女、シルバーな女、パールな女

女にはそれぞれ、宿命のジュエリーがある

ゴールド系が似合う人と、シルバー系が似合う人……確かに女はきっぱりと二分される。たぶんあなたにもあるはずだ。自分はゴールドしか似合わない、自分にはシルバーしか、プラチナしか似合わない、という自覚が……。

でもそれ、一体何を基準にした判断なのか？　言うまでもないことだが、金か銀かを分けるのは肌色であるという説がある。確かにそれは、無視できない要素。〝夏はゴールドの季節〟と昔から言われているのも、日焼けした肌にはゴールドが映えるという原則から。黄みを帯びたダークな肌色にはゴールドが、ピンクみを帯びたライトな肌色にはシルバーやプラチナが、

それぞれ似合うというカラーアナリストの視点は、もちろん正しい。

でもその一方で、ゴールドとシルバーは単なるジュエリーにとどまらない、女にとってもっと特別な、もっと象徴的な体の一部となるツール。だから私たち女はそこに肌色との相性だけではすまされない、もっと運命的な関わりを感じるのである。

つまり、生き方とか価値観とか、女としての決定的なタイプの違い……それが、金か銀かの二者択一にそのままつながるということなのだ。

単純に考えると、ゴールドは自信満々で華やかな女が自然と手に取る金属で、反対にシルバーやプラチナは冷静かつ自分をあまり表に出さない女が、ゴールドはピンとこないからと手にする金属、というふうになる。

でも本当にそんなに単純だろうか？　金か銀かは、女のタイプに置きかえると、じつはもっと深い女たちの心理が見えてくる。結論から言えば、ゴールド系を選ぶ女は、一見確かに自信ありげ、でもじつは本当の自分を他人にあまり見せたくない。もっとハッキリ言えば、自分を実際よりも良く見せたい。だから、中途半端な人間の存在感なんて喰ってしまうゴールドの強い存在感で、自分をおおってしまおうと考えるのだ。

逆にシルバーは、ゴールドみたいに人を金持ちに見せたり、華やかに見せたり、元気に見せたりしてはくれない。額面通りにしか見せてくれない。だからこそ、シルバーやプラチナを上手につけてこなしている人は、むしろ自分に自信があり、正々堂々、素のままの自分で勝負する潔い人……。でもそれだけにシルバーで輝くのは難しい。

ゴールドとシルバーに見る女の計算……どちらも深いものがあるから、ジュエリーとして普遍の魅力を宿すのだ。あなたはどちらの女だろうか？

女の種類は、今やジュエリーのつけ方に丸見えだ

女とジュエリーは、とても濃密な関係にあると言っていい。女の濃度が高い人ほど、ジュエリーをたくさんつけたがるし、幸せへの執着が強い人ほど、ジュエリーにより強い執着を見せる。女であること、幸せになること……ジュエリーはそれをそっくり代弁するのである。

たとえば、一回に身につけるジュエリーが一見して〝少し多すぎ〟の人は、よほどセンスが良くないと、女っぽさがちょっと重たく出てしまい、人間関係でも損をする。

少なくともここ10年、ジュエリーのつけすぎは絶対のタブーとなっている。イヤリングをつ

けたら、ネックレスはなし、よくある〝お揃い〟のジュエリーは、皮肉にも両方同時につけるのはNG。野暮に見えるだけでなく、女がまったりしてしまう。ジュエリーで引き算がうまくできることこそが、イコール〝女の知性〟という時代なのである。

かと思えば、ネックレスの重ねづけは、ちょっと〝多すぎ〟くらいが粋だったりする場合もあり、妙におさまりのいいバランスのとれたつけ方よりも、片方にどーんと偏ってしまったつけ方のほうが、〝女の知性と感性〟を強くアピールできる。

一方、ボリューム感あるゴールドは今も相変わらず戻ってこないものの、ゆれる繊細イヤリングのように、さりげなく存在感を放つジュエリーが主流となってもいる。それも、ジュエリーで気品やエレガンスや女らしさを賢く表現する時代の智恵。人から見えないほど小ぶりの〝自己満足〟なジュエリーでは、それこそ貧乏くさいし、ジュエリーをつける意味もない。かと言って、大きすぎるのは知性に欠ける。だから、やみくもに大きくせずに、ゆらす……。

ジュエリーのつけこなしも、ちゃんと進化していくのだ。だから、ゴールドはナチュラルに、シルバーは大胆にスタイリッシュに、というふうに、従来とは逆の方向に進みはじめてもいる。ゴールドの女も、シルバーの女も、それを見逃さないでほしい。抜きさしならない関係のジュエリーと女が、ともに進化しようとしているのだから。

ゴールドの女は従わない、シルバーの女は媚びない

女の服は異性とどんなふうに関わり合うか、それで装いの意味が変わると、前にも書いたはずだが、ゴールド系とシルバー系もそういう視点で見てみると、ジュエリーの中でもとりわけ〝女の意志〟を色濃く持っている。ゴールドの女も、シルバーの女も、異性に対しては強く出る、強い態度で接する金属であると言っていい。

なぜなら、ゴールド系もシルバー系も、どちらかと言えば仕事の顔をしたジュエリー。女が社会と関わるための社会性あるジュエリーと言っていい。だからハッキリ言ってどちらも恋愛はそんなにうまくない。ひとりで生きてもいける強い女の顔をしているから……。

しかし、強さの質が違うのだ。ゴールドの女は言ってみれば、〝従わない女〟。男に従わない女の頑固さを備えている。これに対して、シルバーの女は〝媚びない女〟。男に媚びず、あっけらかんと生きている女……。

ただし、ゴールドの女は従わないけれど、男に頼る術はよく知っている。だから、男好きす

るし、セクシーでもある。分量が多すぎると暑苦しくなるのは香水と同じだが、分量バランスを考えたゴールドは、まさにほのかな女らしさを香りのように漂わせるはずだ。つまり、〝女らしさ〟の限度を超えないことこそ、愛されるゴールドづかいのキモ。ゴールドは重たくなりすぎると、男に従わないどころじゃない、男をハネつけてしまうので、注意したい。

一方で、シルバーの女は、媚びない反面、ある種の優しさも備えている。ゴールドのようなダイレクトな女らしさよりも、涼やかで穏やかな印象がまた別の女らしさを匂わせるのだ。あまりにごつくてスクエアなデザインだと、男を無視する固さばかりが出てしまうが、シルバーやプラチナにしか表現できない、潔くてなめらかな清潔感ある女らしさもあるわけだ。だからシルバー系では、そのしっとりした女らしさを表現できたら理想的。

かくして愛されるゴールドと愛されるシルバーを身につけた時、女は初めて本当の意味での〝ゴールドの女〟と〝シルバーの女〟になれるのだ。金属製のジュエリーは、強さが全面に出ているからこそ、それをていねいに身につけてやわらかくほぐし、〝女らしさ〟を湧きあがらせた時、初めて相手を魅了するというジュエリー本来の役割を果たすことになるのだろう。

いずれにせよ、〝ゴールドの女〟も〝シルバーの女〟も女らしさに着地すると美しい……そう覚えていてほしい。

ゴールドは、モノトーンのためにある？

ゴールドがいちばん映えるのは、白であり黒である。無彩色でないとゴールドの美しさがピュアに表現されないと言ってもいい。それもゴールドには、女の業みたいな強さがあるからで、赤や青やグリーンでは、カルマが強すぎてゴールドの品格がうまく示せないし、ピンクやベージュやグレーでは、ゴールドのカルマが浮いてしまいかねない。もちろん、ブロンズやオレンジなど、ゴールドときれいに共鳴する色もあるけれど、ゴールドの強さに、一歩も引くこともなく、お互いを生かし合う関係になるのは、やはり白と黒。

逆を言えば、ゴールドはさりげなくワキ役にまわれるような、小まわりの利く色ではない。服には、自分にとってのキャンバスになってくれる色を求めるのである。だから白と黒。

しかし、服における白と黒も、ただのワキ役にはまわらない。ゴールドにとってのキャンバスになりながらも、自分は白であり、自分は黒であるとしっかり主張する。ゴールドも引かない、白と黒も引かない、その緊張感が唯一無二の相性をもたらすのかもしれない。

そして、〝ゴールドの女〟はもともと白と黒が好き。自分を支えてくれ、ぐいっと引きあげてくれて、しかも決してすさまない、きちんとゴージャスに飾ってくれ、元気に生き生き見せてくれる……そういう装いを求めていったら、服はやっぱり白と黒。そしてジュエリーはゴールドを選ぶのだろう。

その永遠の相性は、〝ゴールドの女〟にとってかけがえのないもの。ゴールドも白黒も、いかにも仕事ができそう、でもちゃんとセクシーだったりもする。だからゴールドがよけい映えるのだ。白と黒がほぼ永遠のトレンドである限り、混じりけないコーディネートでピュアなゴールド力を上手に引き出してみてほしい。まさに、ひとすじ縄ではいかない、凛々しいほどイイ女……のできあがり。

シルバー系はパステルのためにある？

シルバー系の女は、ゴールド系の女のように自分を取りつくろわない、素のままの自分で勝負する潔い女とは言ったが、それだけにシルバーやプラチナは、つける人次第。その人がステキなら際だつし、つける人が冴えなければ沈む。それだけのことなのだ。

従って、シルバーやプラチナはゴールドほど服の色を選ばない。白でも黒でも、原色でも、映える時もあれば、野暮ったい時もある。それくらい組み合わせ次第、だから難しいのである。

そこで逆に、ゴールドにはどう合わせても似合わないパステルにこそシルバーを、と考えてみた。ベビーブルーにベビーピンク、ペールオレンジやペールグリーンといった白ベースのパステルには、確かに白を混ぜたようなシルバーがよくなじむ。ワントーンの上品な洗練がそこに生まれるのだ。銀色をグレイッシュホワイトととらえてカラーコーディネートすると、うまく行く、そう考えてみてはどうだろう。

そう、シルバーという色は、肌の上では〝控えめな白〟になり、〝ちょっとくすんだ白〟になる。だから、組み合わせる服や、それを身につける自分は、わずかでもくすんでいてはいけないのだ。ちょっとでもくたびれた表情でシルバーをまとうと、全身がよどんで見える。

だからできれば洗いたてのようなフレッシュな自分を組み合わせたい。するとゴールドにはないピュアな清潔感が生まれるはずだ。シルバーはその清潔感を引き出せてこそ成功なのだ。スポーツシーンにシルバーがよく映えるのも、そのため。仕事場でも、見事に爽やかに手際よく仕事をこなす、優れた女性のイメージを醸し出すことになるだろう。

ともかく、シルバーは背すじがしゃんとした活発な印象で着る。またシルバーは、そういう背すじがしゃんとした女にこそ似合うのである。

女はみんなパールの女になりたい

ゴールドの女は、心のどこかでシルバーの女になりたいと思っている。ゴールドに華や元気を借りているゴールドの女は、素のままで勝負するグレイッシュホワイトの女に、少しだけ負い目を感じているのだ。でも、ゴールドの女もシルバーの女も、両方が引け目を感じるのが〝パールの女〟であると思う。

あなたの周囲にもきっといるはずだ。いかにも〝パールの女〟という印象の人が。ゴールドが〝華やか〟なら、シルバーは〝爽やか〟。とすればパールは〝たおやか〟となるのだろうか。

パールは理屈ぬきの淑女性をピュアなまま持っている。だから、本来がレディな雰囲気を持っている女性は、パールをつけずとも〝パールの女〟に見えている。しかもそういう人は実際にも、じつにさりげなく、しかし周囲をハッとさせるほど印象的にパールをあしらうことができるものなのだ。まるで生まれつき身についた運動神経のように、〝パールの女〟はパールをうまく扱う。ひょっとしたらパールづかいは、子供の頃からの母親の躾に近いものなのかもしれない。母親の美しいパール姿を見て育った娘は、誰に教えられるでもなく、じつに巧みにパールをつけこなせるということ。

だから、ゴールドの女も、シルバーの女も、パールの女には、女としてかなわないと思うのだ。そして自分もパールの女になりたいと思うのだ。しかも、パールは恋愛するジュエリー。ゴールドやシルバーにはない男受けの引力を、生まれながらにして持っている。

〝宿命のジュエリー〟は、自らこういう女になりたいという想いもかなえてくれるはず。だからぜひともうひとり、〝パールの女〟も自分の中に育てておきたいもの。

パールが似合わないと、女は危ない

ゴールドが似合わないのは素朴な印象の女、シルバーが似合わないのはラブリーな印象の女……それはひとつの個性に他ならないから問題はないのだが、パールが似合わないのは、気品に欠け、優雅さに欠け、知性に欠ける証拠。だから、これは女としてとてもマズイ。

ちなみに、パールは本物とイミテーションを見分けるのが案外難しいが、品があってエレガントで知的な女性がパールをつけると、それだけで本物の高価なパールに見え、パールが似合わない人がパールをつけると、これが不思議にイミテーションに見える。パールはそういう意味で、女の〝実力〟を測るものさしという宿命を背負わされたジュエリーと言ってもいい。だから、パールが似合わないと、女は危ないのだ。

ひとつの証明にもなるかもしれないのは、あのココ・シャネルが、あえてイミテーションのパールやゴールドのネックレスを、何連にもジャラジャラさせるアクセサリーづかいを提案したこと。じつは、シャネルの服も、着る人の気品やエレガンスを試す装いだったと言ってよく、ジュエリーも高価な本物を、これ見よがしにつけるよりも、服の一部として小意気になじむコスチュームジュエリーをさりげなく組み合わせるほうが、むしろ装いの完成度はより高く、女もよりエレガントに見えるという提案だったはずなのだ。イミテーションのパールづかいも、身につける人がレディならば、きっと美しいはずと考えてのものだったに違いない。

だから〝パールの女〟は、イミテーションパールも、美しくつけこなす。そして本物をつければ神々《こうごう》しいような輝きを放つことになるのだろう。

どちらにしても、女はどんなパールをつけても、上品に見えなければいけない。女と生まれたからには、パールが体の一部のようになじまないといけない。それは女の使命のようなもの、なのである。

パールがいちばん似合う年齢、パールをいちばん遊べる年齢

デビュタントで身につけるジュエリーはもちろんパール。花嫁にもっともふさわしいジュエリーも、やっぱりパール。冠婚葬祭はもちろんだけれど、女は女の節目節目でパールをつけ、

区切りをつける、その繰り返しで大人の女へと導かれていくものなのかもしれない。

少なくとも20代のパールと、30代からのパールは違う。20代のパールは、女の中の滑らかで無垢な部分を、そのほのかな輝きで表現するものなわけだが、30代からは、大人の女としての本当の品格や、周囲を包みこむ包容力みたいなものを、あの穏やかな輝きで描き出す。パールは女の成長に合わせて、印象を変えていく、まさに女とともに生きていくジュエリーなのである。

そう考えると、20代から30代へ移行する節目の年齢は、女の人生の中でいちばんパールな年齢と言えるのかもしれない。パールのひんやりした清潔感も、人肌の温もりのようなあたたかみも、両方同時に表現できる節目のパール……。

逆から言うなら、それはパールを完璧にマスターする年齢と言ってもよく、パールをいくら思い切り遊んでも、依然として体の一部のようにきちんとなじんだまま離れなくなる年齢と言ってもいい。たとえばジーンズにパールを合わせても、着る側が若すぎるとパールがどうしても幼稚に見えてしまうが、そういう組み合わせでもパールの品格や優雅さを少しも減らすことなく表現できるはず。

逆にとことんシンプルなワンピースに、パールを何重にもぐるぐるに巻きつけるだけのパールを主役にした大胆な装いも、決してあざとくなく、とてもナチュラルな美しさが醸し出せるだろう。

ゴールド系かシルバー系かの選択は、社会と関わる時、〝自分は誰であるか？〟を正確に伝えるためのジュエリーづかいとなるわけだが、もうひとつ、自分はどこまでも女であるというメッセージを送り出すために、女は全員パールの自分を持っていてほしいのである。

コートでわかる〝自分スタイル〟

脱いだり持ったり掛けたり、コートの扱いに女の躾が出る

コートほど、人前で脱いだり着たりが忙しいアイテムもない。だからその時のコートの扱いに、女のいろんなお行儀が見えてしまうという話をしよう。

カーディガンやブルゾンも同じように脱いだり着たり、でもこういうアイテムをあんまりご丁寧に扱うと、それはそれでちょっと野暮な女に見えてしまう。〝はおりもの〟は、あくまでもさりげなく、そして少しだけぞんざいに、それこそ体のどこかに巻き付けてしまうくらいのほうが粋である。でも、コートだけは別。

コートの脱ぎ着は、丁寧に美しく流れるように、そして脱いだコートの扱いにも品格を持っ

て、が約束。

もちろん、高級なコートだからと、バカ丁寧に扱ったりするのは無粋なこと。たとえ1000万円のセーブルだって、自分のコートばかりは時と場合で乱暴に扱った方がカッコいいこともあるって覚えていて。

しかし基本的に、コートの扱い方には反射神経のような躾が出る。おそらくあなたも子供の頃から、脱いだコートはきちんと掛けておきなさいとうるさく言われてきたはず。そして誰かの家を訪問する時は、家に上がる前にコートを脱いでおくことと、教わったはず。

ちなみに訪問先では自分のコートをあえて目立たぬように扱うこと。それも、相手に気をつかわせないための大人っぽい配慮。大切に掛けておいてと言わんばかりの扱い方をしちゃいけないということなのだ。ともかく自分のコートは、くるっと丸めて目立たぬよう脇に置いておくこと……くらいは、カンのいい女なら、いつの間にか身につけているはず。コートにまつわる何となくのお行儀である。

そういう一連のコートの扱いが滞りなくできること、それも、大人の女にとっては美しさのうち、そしてオシャレのうち。

着ているさまも美しく、扱うさまも美しい、それがコートのオシャレなのである。

だからこそ、脱いだ時に女をみすぼらしくしないコートを選ぶ

服って、とても不思議で、オシャレのわかった人が着ると、安物にも命が吹き込まれたようにしゃんとして見え、安さがあまり目立たなくなるのに、人が脱いでしまうと、まさしく魂を抜き取られ、しおれた花みたいになってしまう。

安物は、人が着ないとよけいに安物に見えるのだ。特にコートのような〝大物〟は、着ている時より脱いだ時のほうが質の差、格の差が露骨に目立つ。だからコートばかりは脱いだ時の佇まいも考えて選ぶべき。

しかも女のコートは、脱ぐ時も脱いでからも〝その人自身〟として扱われる。まず、気の利いた男なら、コートの脱ぎ着をちゃんと手伝ってくれるはずだが、その時に肩を少し浮かせただけで、するすると滑るように脱げていってしまう、どこかを引っ張ったりしなくても、流れるように美しく脱げていく、そういうコートを女は着ていてほしいのだ。少なくとも男にエスコートされるようなシーンを持っている女は。

またそういうふうに、男に脱がせてもらう時ほど、安物と高級品の差がつく瞬間もない。安物はするする脱げない。カパッと外れるように脱げるか、とつとつとして脱ぎにくいかのどちらか。ともかくその瞬間に男に伝わってしまうコートの格は、ほぼそのまま女の格となって伝わっていってしまうから、コートこそ良いものを選ぶべきなのである。

いや、もっと質の差、格の差が出てしまうのが、コートを〝着せてもらう〟時。安物はもっとひっかかって着せにくく、良い物はもっとスムーズにするすると吸いつくように着せられる。尚更その格が女の格に感じられてしまうのである。

そして脱ぐ時も着る時も、そしてコートを預けた時にも、背中のタグはなんとなく見られている。ふーんこういうブランドを着る女性なの……と、それがまたひとつのイメージを生んでいく。着ているブランドなんかで人を判断しちゃいけないよねと思っている男も、やっぱりこう思ってしまうのだ。女のコートのブランドは、その女のイメージそのものだって。

女はコートに自分を教わり、コートは女を3種類に分けている

以前から何となく感じていたことがある。コートの季節になると、女たちの〝本質〟が急にハッキリ見えてくるって……。

たとえば、冬になると急にコンサバになる人がいる。コートはいつもトレンチかチェスターフィールドっぽいテーラードコート。そこで初めてこの人ってコンサバ志向のとても強い人だったのだと知るような。

あるいはまた、冬になると毎日のようにファーものばかりを着ている人もいる。いつもどこかしらにファーがあしらわれている人がいる。そういう人は言うまでもなくラグジュアリー志向の強い人。

そうかと思えば、その年その年のトレンドコートをパワフルに追いかけ、ひと冬の多くをトレンドコートで過ごす人も……。

ともかくそれは毎年同じように繰り返される。コンサバコートの人は毎年コンサバコート。

ファーの人は毎年ファーコート。そこでふと思ったのは、女って冬になると毎年〝自分の基本〟に戻っていくのではないか、ということ。何だか毎年同じ場所に帰っていって越冬する渡り鳥みたい。他の3シーズンはそこそこいろんなものを雑多に着てしまうから、自分の基本軸みたいなものがなかなか見えにくいが、コートは一枚すっぽり着てしまえばスタイルが明快に立ち上がる。だから、よーく見えるのだ。その人がじつはどんな女を目指しているのか？

もちろん自分自身も、コートに自分を教えられる。手がのびるコートはいつも同じ。目が留まるコートも毎冬同じ。着ていて落ち着くコートはいつも同じ。それがたぶんあなたの本当の姿なんだと思う。

コンサバかラグジュアリーかトレンドか。それは、保守的な女か、上に行きたい女か、前に行きたい女かの三択。いずれにしても自分の帰っていく場所はどこなのか、それを一度コートで見極めてみてほしい。なんでも着ちゃうし、ワードローブもバラバラ、自分が何を着たいのか、どうなりたいのかわかっていなかった人にもちゃんと見えてくる。じつは自分の中に息づいていた〝自分のスタイル〟というものが……。

自分をいちばん美人に見せてくれるものを、知っておく

じゃあなぜ人は、無意識にでもコートに〝自分のスタイル〟を託してきたのだろう。それはたぶん、自分がいちばんキレイに見える服を、知らず知らずコートに見つけてきたからなんじゃないかと思う。

繰り返すが、コートは単品でスタイルをすっぽり作ってくれてしまうアイテム。他の要素をすべて省いた、ある意味単純な服。自分を美人に見せてくれる服の基本要素が見つけやすいのである。

だから、いつもコンサバ系コートを選んでしまうという人は、あのトレンチのエリまわりや、テーラードコートのシルエットに、自分を一瞬でキレイに見せる黄金比率みたいなものを知らず知らず見出しているのだろうし、ファーコートばっかりの人も、ファーには自分を美人に見せる魔法が宿っているとどこかで気づいているはずなのだ。

オシャレで最優先させるべきは、〝自分がキレイに見えること〟。何度も言うが、それを外し

たオシャレなど何の意味もない。だからキレイのツボを押さえたコートを自分のベースアイテムとするのは、とても正しい方法なのである。

逆にその一着をまだ見つけていない人がいるなら、冬の間にぜひそれを見つけておいてほしい。自分をいちばん美人に見せるフォルムを。

それを知るとオシャレのツボみたいなものも見えてくる。いつもは着ない赤のコートから、じつは赤が似合うんだということに気づいたり、トッパーコート体験から、Aラインこそ自分の美人スタイルと知ったりするようなこと、そこからオシャレに開眼するようなことがあるかもしれない。

コートのように週に何度も着る頻度の高いアイテムだからこそ、本当に自分に似合うものを教えてくれる。だから目を凝らして、自分のコートを本気で探してみるべき時。

何年着られて、いくらなの？　コートが教える本当の〝モノの価値〟

そういえば、このコート、もう10年以上着ている……ふと気づいて、じゃあ1年でいくら分を着ているのか、思わず計算してしまった。

仮に20万円のコートだとして、1年に2万円ずつ。こんな計算は服に申し訳ないのかもしれないが、でもこれは動かぬ現実だ。そして流行丸出しのコートはたとえ10万円でも、たぶん来年は気持ち良く着られないであろうから、1年で10万円を消却してしまう、とても高い服ということになる。いや5万円のコートだって、20万円の定番コートよりぜんぜん高い。

だいたいが、その20万円のコートは、さらにあと10年着られるかもしれないわけで、そうしたら1年たったの1万円。どこのバーゲンでもここまで安いコートは見つからない。しかも20年間着られてしまうコートって、とてつもないコートである。素材の良さは見ただけでわかるほどだろうし、形くずれしない魔法の仕立て、20年着続けられるデザインは、たぶんどんな時代にあってても凛としてカッコよく、類い稀な洗練を生まれながらに持っている。そういう天才的な服って、存在するのである。

実際存在するならば、買わない手はないと思う。ましてやそれは、モノの価値の真実を教えてくれる、かけがえのない服なのだから。

安物買いの銭失いという言葉がある。そして、コートばかりはトレンド追いも〝銭失い〟。今年はキラキラしていても、来年もう輝きを極端に失ってしまうようなコートはやっぱり買うべきじゃない。

もちろんお金持ちは毎年毎年コートを買い替えればいいし、本人がそれをもったいなく思わないならそれでいい。寿命1年を覚悟で思い切りトレンドするモード派には、いっそ拍手を送りたい。でも最近は、街で見かけるザ・トレンドコートを見て、こういうふうに思う人もいる。「あのコート、来年は着られないのにネ」と。そういうオーラをつねに放ってしまっているようではどうひっくり返ってもオシャレに見えない。最初から〝もったいなさ〟が見えている服なんて、魅力がない。最低でも5年は続くトレンドを見極めるか、さもなければ10年20年着られる、高級な定番コートを、思い切って。

女とカバン

私たち女が、バッグにばかりお金をつぎこむ理由

今日の装いの中で、いちばん高額なのはバッグ……日本の女の〝常識〟だ。もうずっと前からそうだから、不思議にも思わずにいたが、世界的に見るとやっぱり少し不思議。服よりも何よりもバッグにお金をつぎこむ国……まず、なぜそうなってしまったのかを考えてみよう。

'70年代に〝ニュートラ〟というファッションが日本独自のトレンドとなったとき、〝一点豪華主義〟という言葉が生まれる。言うまでもなく、〝せめてバッグだけでもブランドものを持ちましょうよ〟という提案だ。

当時〝ニュートラ〟というブームを支えたのは女子大生で、おうちはそこそこのお金持ちで

も、全身ブランドものというわけにはいかないから、高価の証明がしやすい、ひと目でそれとわかるロゴタイプ柄のバッグを選んで、〝一点だけの豪華〟を身につけた。ともかく〝わかりやすい豪華〟である必要があったのだ。だから、バッグだったのである。

その〝一点豪華主義〟はやがて、所有する〝バッグの価値〟を競うという、新しい生態を女たちの中に生んでいく。価格もさることながら、できるだけ人が持っていないレアものの新作をいち早く手に入れること、日本の女はそれ自体を競いはじめたのである。

でもこれは、車好きの男たちが発表されたばかりの話題の車を、なるべく他人《ひと》より早く、街であんまり見かけないうちに乗りたいと思い、やっぱり他の車より速いスピードで走る外車がいいと思うのと同じ。フェラーリとエルメスのバーキンは、たぶん同じ意味を持つのである。

だから、女はなぜバッグばかりにお金をかけるの？　と聞かれても明確な答えはない。女だから……としか言いようがないのである。男の車と一緒なら、持ち歩く自分の住みかみたいなものなのか。いやバッグを競うのは、〝女〟を競うみたいなもの。価値あるバッグを持って歩くと、理屈抜きに〝女っぷり〟が上がったような気がするのは紛れもない事実。バッグにお金をかけるのは、自分自身にお金をかけること。

従って、高価なバッグを買っちゃったとき、全身エステにかかるときと同様、未だにみんな

「自分へのごほうび」と言う。つまり女にとってバッグはほとんど自分自身なんじゃないだろうか？

バッグの形と大きさが、女の暮らしを物語る

かつて一大トレンドを巻き起こしたフェンディの〝バケット〟が、ひとまわり大きなサイズを〝マンマバケット〟と名づけていたのはご存知の通り。そうやって女の立場を語るバッグはありそうでなかったが、実際にはバケットの3倍以上もの収納量を持つバッグを、〝ママの……〟としたこと自体が粋だったと思う。当時はバッグが大きな女は、バッグの小さい女になんとなく引け目を感じていて、でも〝子供を持つママ〟なら、こんもりとした大きなバッグの言い訳が、いくらでもできるからである。

少なくとも当時は、バッグがどーんと大きいと、その中に生活感がみっちり詰まっているように見えたもの。小ぶりのバッグの女が男にしがみついて歩いていそうなのに対して、大きなバッグの女はひとりで歩くしかないように見えたのだ。

とはいえ〝バッグの大きさ〟そのものにもトレンドがあって、逆にガンガン働くキャリアな女性を象徴する大ぶりのバッグの方が美しく、お財布と数品のコスメがやっと入るくらいの小さなバッグの女は、何だかちょっと頭が悪そうに見えてしまう時代もあったはず。

その後ケータイの普及もあってか、中身をすぐ取り出せるトートバッグが流行り、大ぶりのトートの持ち手にもうひとつ、プチバッグを引っかけて持つ〝バッグふたつ持ち〟が流行ったりしながら、気がつけばそのプチバッグの方だけを持つ人も増えていた。女がそんなに頑張らずに〝愛され顔〟をしていたい時代を反映するように。

かくして今はと言えば、一応何でもあり。あらゆるサイズのバッグが街を歩いている。それだけにバッグの大きさが今まで以上にその人を語るのだ。有無を言わせぬバーキン信仰のおかげか、大きいバッグがそれだけで生活感を匂わせてしまうことはもうなく、セリーヌのブギーバッグのような程良い大きさのトートがガツガツ頑張りはしないがヒマもない、程良く忙しい女を語って人気になったり。30代には、いかにも子供のものが入っていそうな仕切り多めの便利な大ぶりバッグが、私は〝負け犬〟じゃなく、「ちゃんと勝ち犬やってます」という目印になったり。〝バッグの大きさ〟がさらに一歩つっこんだ女のタイプを語るようにもなってきた。

まさにバッグは女の釣書。自分が誰で何をしている女で、また今日は何をする日なのか、それをそっくり語ってしまう。だから女は、バッグ選びに精一杯の情熱をかけていい。みんな無意識のうちに、バッグに自分という女をそっくり語らせているのだから。

ブランドバッグは本当に女の命か？

あなたはなぜ、〝ブランドもの〟しか持たないの？　そう聞かれたらやっぱり一瞬答えにつまるのだろう。もちろん「良いものはやっぱりいいから……」という、定番のお答えを用意しておいてもいいが、せっかくだからこういう答えはどうだろう。「毎日元気で出勤するため……」

いつも思う。旬のブランドのバッグを持っている女に、暗い女はいない。少なくとも、くたびれて見えたり、悩みのある女にはぜったいに見えない。ひとまず貧しそうには見えない上に、ひっくり返っても不幸そうには見えない。女として前向きで生命感にあふれて見えるのは間違いないのだ。たぶんこれがブランドのチカラなのだろう。

ブランドものには理屈ぬきのパワーがあって、それが体のどこかにくっついているだけで、元気そうに見えてしまう。ジュエリーにもそういうチカラがあるが、ブランドものは尚さら人間の生命力になりすますオーラのようなものを持っているのである。

でもそう見えるだけじゃない。ブランドものを持つと、人はそれだけで生理的にも元気になる。月曜の朝の出勤は、会社に好きな人でもいない限り、元気はつらつで玄関を出ていくなんて無理な話だが、それが旬のブランドバッグを手にすると、まるで誰かが背中を押してくれるように足どりが軽くなる。紛れもなく、元気をくれているのだ。これもやっぱり理屈ぬきのブランドのチカラなんじゃないかと思う。

かくして、有形無形に女を元気にしてくれるのがブランドバッグ。だから自分はブランドが大好きなんだ、そう気づくと、ブランドバッグはもっともっと女をイキイキ見せてくれるはず。恐ろしく高価なブランドバッグを買ってしまったら、毎朝この話を思い出そう。これは自分にとって元気の源、異様に早く効くサプリメントなんだって。

新作が持てない時代のブランドバッグ経済学

しかしたまに、ブランドものを持っているのに、くすんで見えてしまう人もいる。いや、そういう人はブランドバッグを持っているからこそ、すすけて見えるのだ。言うまでもなく、もう終わってしまったブランドもの、ブランド自体がくたびれてしまったブランドものを無理矢理持っているのが原因。

ブランドものは、ひとたび自分がパワーを失ってしまうと、人間のパワーまで奪っていく。ブランドもののリスクは、まさにそこにある。旬のブランドの〝新作バッグ〟には、それこそ大失恋したばかりの不幸そのものの女さえ、がぜん元気に見せてしまう圧倒的なエネルギーがあるのに、旬がすぎたブランドの2年遅れくらいのバッグだと、逆に負のエネルギーで女を10歳も老けて見せてしまう。いくら上手に持っても結果は同じ。一度終わってしまったブランドものは、売れなくなった元アイドルみたいな物悲しさを放つものなのだ。

つまりブランドバッグは〝生もの〟、生鮮アイテム、それを忘れちゃいけない。だからここ数年は、半永久的に売られ続けるだろう定番ものをとりわけていねいに作っているブランドにこそ、人気が集まっている。定番は放ったらかしで、毎年毎年、ともかくせっせと新作を買わせ続けようとしていることが見えるブランドは、支持が長くは続かないという傾向が目立っている。だから定番を大切にするブランドをきっちり見極め、飽きのこない真の定番ものをきっちり選ぶのがテーマなのだ。

さもなければ、あえて誰が見ても今年一年しか持てそうにない派手な新作を毎年必ず一個買って、それをワンシーズンで持ちつぶすくらいの勢いで持ってしまうといい。50万も100万もするバッグでなければ、そういう持ち方のほうがかえって経済的だったりするのかもしれない。

つねに自分に30%だけ背のびさせる、そういうバッグを的確に選ぶ

20代が100万円するバッグを持っていたら、素敵とかオシャレとかキレイといった評価は、たぶんあまり得られない。彼女はそれだけのお金をどうやって捻出したのか、そればかり

が気になってしまって、ファッションとしてどうか、にまで目が行かなくなるのだ。だから分不相応なブランドものを持っても何の意味もない。誰も感心しないし、誰もうらやましがらない。ましてや誰も彼女自身の魅力を見てくれない、代わりにいろんなふうに邪推する。だからまわりに逆効果なのである。

結論から言えば、ブランドは少しだけ、30％ほど女に背のびさせる程度のものが正しい。それ以上では違和感が目につくし、それ以下ではブランドを持つ意味がなくなってしまうから。

少なくともブランドものの存在価値は、やっぱり人を少し上に引き上げ、女を少し高く見せるところにあり、多くのブランドものには、そういう牽引力があるが、先にも述べたように、旬をすぎたバッグには、その力はない。それどころか女を安く低く見せかねない。ところが逆にあまりに高価なバッグだと、人間がバッグに負け、かえって安い女に見えてしまう。少なくとも〝美しさ〟より〝金目《かねめ》〟のイメージが勝ってしまうことだけは間違いないのだ。

30％ほど背のびさせる……それは具体的にどういうことかと言えば、いつも姿勢がぴんとのびているような適度な緊張を与え続けること……。

高級すぎて、それを持つ人がアガってしまうようではいけないが、安心しきるのではつまらない。ほどほどの緊張感を与え続けるブランドものを持ちましょう、そう言いたいのである。

なぜバッグを買う時、鏡に映して自分を見ないの？

ある一流ブランドの直営店で不思議に思ったことがある。なぜここには〝姿見〟がないの？ いやよく探せば、端っこのほうに大きな鏡があるのだが、誰もその前に立とうとしない。店のスタッフも促さない。イスに座って、カタログを見てあれこれと悩み、現物が出てきても、ただ眺めるだけで、買うかどうかを決めてしまう。それは一流ブランドのバッグにありがちな、買い物の悪しきスタイル。

でもなぜ、それを手に持ったり肩にかけたりした自分の姿を見たいと思わないのだろう。バッグは確かに手に持つもので、身につけるものじゃない。体に斜めがけしたとしても、やっぱり〝持ちもの〟にすぎない。けれどもバッグはアクセサリーなどよりよほどシルエットに深く関わり、プロポーション決定の意外な決め手になっている。

それどころか、歩く姿はバッグしだいと言ってもよく、時には靴よりも装いに響いてくる。装いのイメージをバッグが勝手に決めてしまうことも少なくなく、特にブランドバッグの存在感は服を負かすこともしばしば。バッグはあくまでもファッションの一部。いやバッグはほとんど服なのである。

従って、女はそのバッグが自分に似合うかどうかを、さまざまな角度から見極めなければいけない。それを持った自分が美しいかどうかを、あくまで客観的に判断しなければならない。だからどうしたってバッグ選びは、全身が映る鏡を見ながらでないといけないのだ。

ところが〝旬のブランド〟の新作ほど、ファッションではなく〝所有物〟になってしまう。だから似合うかどうかは二の次、〝物〟として所有するから体から浮く。その姿はただのブランド好きに見え、オシャレかどうかは検討されなくなるのだ。

だからともかく鏡の前に立ってみる。それで美しいかどうかをしっかりと見てほしい。バッグはほとんど服だってことがよくわかるから。

バッグを先に選び、バッグを主役にするコーディネートがあってもいい

ブランドものには、人一人を難なくイキイキ見せてしまうくらいのエネルギーはあると言っ

た。だからブランドバッグは、憂うつな通勤にも背中を押し、足どりを軽くしてくれるのだとも言った。

でもそこまでのパワーを持つからこそ、ブランドバッグは装いの中で浮きあがりやすい。ましてやヴィトンのモノグラムやグッチのGG、ディオールのCDやフェンディのFF柄は、どんな柄より強いから当然服を喰ってしまうし、装いの意味を変えてしまうくらいに強烈な存在感を放ってしまう。そしてもちろん、一流ブランドのデザインがキラキラ輝かないわけはない。放っておいても装いの主役になってしまうはずなのだ。

だからパワーブランドのバッグはぼんやりと脇役に持ってはいけない。服や靴と同様、またはそれ以上の慎重さをもってコーディネートしなければ。もっと言えば、それを主役にしたコーディネートを考えるくらいでちょうどいいのだ。

たとえばどんな装いの日にも毎日ヴィトンで通す人って決して少なくないが、それはあまりに乱暴。モノグラムのあのカジュアルリッチな匂いを、きちんと生かせる服を合わせないと、バッグも泣くだろう。逆に、繊細でエレガントな服を持ってきても強烈な存在感を持つバッグに喰われてしまったら服が泣く。だから結果としてシンプルな無地系の装いに行きついてしまうのだ。

当然のこととして複数のブランドをひとつの体の上で勢力争いさせるようなことは避けたいわけで、とすればなおさら、パワーブランドのバッグを持つ日はバッグを先に選び、それに合わせた服を着る……ぐらいでちょうどいいのかもしれない。

それほどに〝バッグは服〟。良いバッグほどメインの立場になりたがる、それを忘れちゃいけないのである。

美人に見えるバッグってあると思う

バッグを持った姿を鏡に映そうと言ったけれど、じゃあそこで何を見るのか？　何よりきっちり見てほしいものは、そのバッグを持ってプロポーションが良く見えるかどうか。ひいては美人に見えるかどうか……。

まず小柄な人が大きなバッグを持つと、体がよけいに小さく見えてしまうのは言うまでもないが、肩かけショルダーでもベルト部分が長すぎたりすると、何だか知らないが胴長に見えたりするのは、全身の中での重心が下に下がってしまうため。

従って小ぶりでベルトが短め、ディオールのサドルバッグみたいに、脇の下にぴたっとつけて持つバッグこそ、スタイル良く脚を長く見せるバッグの典型とも言っていい。しかもサドルの〝足かけ〟部分に指を引っかけて下に引っ張るあのスタイル、まさに乗馬をやっているときみたいに背すじがぴんとのびるから不思議。今も主流の脇にかかえて持つバッグは、姿勢まで良く見せる脚長バッグだったのだ。

一方で、ケリーバッグのような形はどうか。ケリーバッグがケリーと名づけられたのは、言うまでもなくモナコ大公妃になったグレース・ケリーが妊娠中のおなかをバッグで隠したことが始まり。確かにあの大きさや、あの威風堂々たるデザインは、女の体を程良く美しくカバーして、不思議に華奢に見せる。何キロ分かやせて見えるのだ。

そしてまた、旬のブランドの新作ばかり持っていると気づかないのだが、まったく逆に何だか冴えないデザインのブスなバッグを持ってしまうと、やっぱり人もブスに見える。バッグはなるほど女の存在そのもの。ころんとした可愛いバッグを持つと、持つ人までころんと可愛く見えるし、四角ばったバッグは四角ばった女をつくる。バッグの形はたぶん女に憑依《ひょうい》するのである。

間違いなく服より影響力大だからこそ、ブランドを問わずハッとするようにデザインの美しいバッグを持つことは美人に見えるコツ。
女の運命は、やっぱりバッグとともにあり……なのかもしれない。

若服、老け服、若づくり服

30代。若づくりと老けの正体

30代は、言ってみれば、女の〝おへそ〟みたいな年齢。若すぎもしないけど、成熟もしていない。〝大人の女〟としてはまだまだ全然若い。だからどっちにでも転べるけれど、でもどっちかに思いきり転んでしまうと、何か変。若く見えすぎてもいけないし、大人の女に見えすぎてもいけない。だからこそ難しい、動くに動けぬ〝おへそ〟、なんである。

ただ、だからと言って30代が30代を素直にまっとうしすぎるのも、なんだか面白くない。ともかく、30代はある意味で女がいちばん美しい年齢であり、女を象徴する〝おへそ〟な年齢だからこそ、少しだけ意図的なハズシを試みるほうが、その年齢の美しさが逆に際立って見えたりもするのかもしれない。

加えて今は、少しだけ〝おねえさん〟が粋な時代だ。そもそもコムスメたちは、〝おねえさん〟ファッションを狙ってオシャレをしてくるから、30代としてもそこに大人の女の対処をしたい。けれど30代だって、老けたくはない。だから、本家本元の30代は、自分を40代に見せるのじゃなく、ウソの30代にはできない〝おねえさん〟を見せつけたいわけである。

そこで注目アイテムは、ワンピース。ワンピースって、言うまでもなくどんな服より女を正確に女に見せてくれる服。ある種の正装感が、〝あらためて女をしている〟というムードを生むのだろう。

だいたいが、女はみんなワンピースを着たとたん、「私は女！」って顔になる。もちろん、ガーリーすぎるワンピはこの限りではないけれど、体の線に自然に寄り添っていくようなオトナワンピは、まさに30代を年齢不詳の見事な〝おねえさん〟に見せてくれるだろう。

ただし、気をつけたいのは靴。靴でそれなりのトレンドをしないと、〝おねえさん〟じゃなく、別の生き物になってしまう。トウやヒールの形に微妙な年齢が出てしまうこと、忘れずに。

〝若づくり〟すると、老けて見える不思議

ここで知っておいてほしいのが、〝印象年齢〟を操る難しさ。背伸びも難しいが、〝若づくり〟はまったく難しい。しかもそこには、思いもよらないいろんな誤算が出てきてしまう。たとえば、若いコが頑張って〝大人〟に見せようとすると、小学生がお化粧したみたいに、逆に幼さが強調される上に、いやらしさが出てしまう。

でももっと危ないのは、やはり〝若づくり〟のほうで、20代の娘と同じファッションをしたがる今どきのエイジレス40代、50代も、８割がたは無理がある。年相応の格好をしていれば、それこそ〝ビックリするくらい若い〟のに、そこで図にのって20代と同じ服を着てしまうと、じつは見えなかったシワやたるみまでが、逆にハッキリ見えてきてしまうのだ。つまり衰えをわざわざ見せつけることになり、へたをすると、実年齢より老けて見えちゃうこともある。

〝若い服を着れば若く見える〟というのは、まったく間違った考え。まるで逆だって、知っておかないと。

けれど、同じことをしても老けない人もいる。何がどう違うのか。たぶんその人は、若く見せようとしているのじゃない。「私、いくつに見える？」なんて絶対人に聞かない。ハッキリ言って、年齢なんてどうでもいいと思っている人だから、〝若づくり〟に見えないのだ。45歳が25歳に見えることを狙ったら45歳がかえって強調されてしまう、そういうこと。年齢は意図して操ってしまってはいけないのだ。〝印象年齢〟はあくまで結果、そして他人が決めること。だいたいが年齢を意識すると、もう、オシャレに見えない。いちばん大きな誤算である。

もっと言えば、オシャレにおいて、本来絶対避けるべきことは、〝年齢をもった服〟を着ないこと。ハンガーに掛かっている時から、「私は20歳」とか「私は35歳」と書いてあるような服は、それだけでもうマズイ。そういう服をそういう年齢の人が着るのならまだしも、〝若づくり〟のために着ると、ことごとく野暮に見える。〝若老け〟どころじゃない、野暮ったく、また安っぽく見えてしまうのだ。

考えてもみてほしい。ヴィトンのバッグやドルガバの服に〝年齢〟があるだろうか。特定の年齢などないから誰が身につけてもオシャレに見える。年齢がないから一流なのだ。

たとえばパリコレで一流ブランドの服を次々着こなすスーパーモデルたち……彼女たちにも、同じことが言えるだろう。不思議にスーパーモデルの年齢は気にならない。なぜだかわかるだろうか。彼女たちは、その時代の〝洗練〟をそっくりそのまま形にする人だから。美とか洗練とかって、もともと年齢不詳の最たるもので、特定の年齢イメージを持たないからなのだ。

私たちも年齢を操らない。操らず意識せずに〝おねえさん〟ができたら、理想！

ヒップのシルエットが握る〝若服〟の成否

「あの人、33歳？　エー、なんか老けてるねー」

そう言われる人に限って、案外〝童顔〟だったりするもの。印象年齢ってホントに不思議。もちろん、髪型もあるだろう。今時の33歳がしている髪型から大きくハズレると、中学生に見えるか、〝奥さん〟に見えちゃうかのどちらか。ただ、そういうわかりやすい間違いなら避けられる。もっと曖昧に〝何となーし老けて見えること〟が、コワイのだ。その〝何となーし〟が出てしまうのが、シルエットなんである。

特にボトムのシルエット。これを言うと元も子もないのだけれど、モデル体型の人は、わりにどんなボトムを選んでも老けて見えたりはしないもの。年齢って、顔（頭部）と二の腕と下半身に出るもので、下半身のへんなところに肉がついてくること、それ自体が〝老け〟の印象につながる。ボトムシルエットに、微妙な年齢が出てしまうのはむしろ当然のことなのだ。だからこそ、ボトムにだけは逆にどんな年齢も感じさせてはいけないのだ。

具体的に言うなら、ヒップが大きく見えるシルエットは絶対NG。それだけで老けて見えるから。ヒップが小さく上がって見えるシルエットほど、〝若服〟と言える。

そういう意味での〝老け〟防止のコツは、ボトム選びではひたすら試着しまくること。一見同じようなデザインのパンツも、実際はいてみると、25歳に見えるパンツと、45歳に見えてしまうパンツがあることに気づくだろう。ヒップの見え方が握る〝若老け〟。あきらめずにさがしてほしい。ヒップが若々しく見える一本を。

ヒップにも〝顔〟がある

まず、パンツがピッチピチな時、女は必ず老けて見える。ヒップの大きい小学生などこの世にいないから、〝ピチピチ＝大人〟という視覚的決めつけがあるのだろう。

逆に言うなら、ボトムのヒップが〝ゆるゆる〟だとこれがまた問題。〝ゆるゆる〟は、それこそ子供のヒップをイメージさせるから、その気がなくても〝へんな若づくり〟に見えてしまうのでご注意を。そして言うまでもないけれど、太めの人はあえてゆるめを選ぶべきだし、細めを気にしている人ほど〝ゆるゆる〟すぎてはいけない。体型カバーも踏まえたバランス計算にもせいぜい心を砕いてほしいもの。

どちらにしても、すべてはヒップ。後ろ姿にも〝顔〟があるというくらいのつもりで、ボトムを選んでほしいのだ。

加えて言うなら、今の時代のシルエットは上半身がコンパクトにまとまっていることが、何より重要。上半身は小さく短く、そして下半身は長く細く……。だから、上半身に対し下半身が小さすぎるのは子供な印象だし、上半身が大きいとそれだけで老けて見える。

いずれにしても、体のバランスと時代性が相まって、女のシルエットには印象年齢がモロに出る。だから服を着る時、姿見で必ず全身のシルエットを長々とながめること、絶対、絶対習慣にしてほしい。

スカート丈の2〜3センチが年相応を生む

じゃあ、スカートはどうだろう。ハッキリ言って、スカートはパンツよりも年齢のクルージングが多少自由。たとえば、'50年代を思わせるサーキュラータイプのスカートを60歳の女性が着たとしても、若々しい雰囲気を持った美しい60歳なら、少しもおかしくなかったりする。もちろん60歳が一生懸命ミニをはいたらイタイが、オーソドックスなコンサバ系スカートは、何歳が着ても、不思議に違和感がないのである。

ただその代わり、丈の数センチが、ストレートな〝老け〟や〝若老け〟につながるのもスカート。もちろんパンツの丈も、ほんの1〜2センチで意味が大きく変わってしまうけれど、スカート丈も2〜3センチがじつに大きい。デザインにもよるけれど、ヒザが見えるか見えないか、見えるならどう見えるのかで、全身のイメージが思いきり変わったりするのだから。

それは、ヒザにも〝顔〟があり、〝年齢〟があるからで、その表情が妙に幼かったり、逆に妙に老けていたり、そのヒザを見せるか見せないかで脚全体のイメージが変わってしまう。

幼いヒザは脚をそっくり子供の脚に見せ、老けたヒザは脚をたちまちオバサンに見せる。だからそういうふうに〝年齢を持ったヒザ頭〟の持ち主は、極力ヒザを見せないこと。年相応のシャープで粋なヒザ頭を持っている人だけが、ヒザ頭を見せられると覚えていて。

女の体にはこういうふうに身勝手に〝年齢〟を持ってしまうパーツがけっこうある。二の腕、首、背中に胸元……。そのパーツを不用意に見せると、たちまち老けたり、若老けしたりするわけで、体の表情にも実年齢とは違う、〝若顔〟〝老け顔〟があること、それが思いがけない年齢をじつに饒舌《じょうぜつ》に語ってしまうこと、覚えておいてほしい。

安っぽい……が、〝若老け〟の最大要因だった!

デザインは子供っぽくないのに、ムダに若く見えてしまう服ってある。いや、若く見えるというよりは、知恵のない、分別のない、浅はかな女に見えてしまう服ってある。

ズバリ言うなら、それは安っぽい服。素材が悪い安っぽさもあるし、デザインそのものの安さもある。むしろ着る本人のセンスがお寒いために、コーディネートが安くなる場合もあるのだろう。でもともかく、装いの安っぽさは、その人が生きてきたキャリアを〝なきもの〟にしてしまう、そのくらい問題なのだ。

時々見かけてしまうのは、ＯＬ一年生なのだろうか、それともリクルート中なのだろうか、大きなスーパーで買いました、みたいなスーツを着て、必死に〝働く女〟を演じようとしている若い女性。スーツを着なれていない上に、スーツの素材がお粗末だと、ビジネスファッションとして安くなり、だからキャリアがたとえ5年あっても、まるっきりの新人に見えてしまう。とても仕事ができそうに見えない、そういうこと。

若さは、〝未熟〟というふうにも訳せるわけで、たとえば28歳は女の一生から見たらまだまだ全然若いけれども、社会人としては最低でも5年のキャリアを持つわけで、〝未熟〟に見えたらいけない。仕事ができなさそうに見えたら、それだけで美しくないのだ。若くてもちゃんと大人に見えること。それが、約束。〝若い大人〟は、どこかにわずかでも安っぽいモノをくっつけてはダメなのである。ジュエリーも靴もベルトも……。

ケバい靴に宿った〝若老け〟の落とし穴

百歩譲って、服は安くてもいいが、靴にだけはちゃんとお金をかけないとダメ……昔からしつこいほどにそう言われるのは、靴のお値段が、ウソでも何でも女の〝格〟と等しいように見えてしまうからなのだ。

理屈っぽく言えば、靴は人というしつらえの結論。終わり良ければ……のとどめだから、逆に言うなら、靴さえいいものをはいておけば、人間端正に見えるってこと。

同様に、靴は〝人間の種類〟を足もとだけで決定してしまったりする。どんなに大人のワンピースを着ても、丸っこい子供の靴をはくと、大人の匂いはすっかり消え、雰囲気のすべてを、靴に持っていかれてしまうほど。

だから、注意したいのが、いかにもアゲハ系が定番靴としてはきそうな派手でエロい靴。ヒールの高さや太さのアンバランスが、もう理屈抜きにアゲハ系っていう、アレである。極端な話、上は同じ服でも、均整のとれた上質の靴をはけばちゃんと美しい大人に見えるのに、靴をケバく安くしたら、それだけ一気に安めの佇いになり、だから期せずして〝若老け〟になる。

確かに、ラグジュアリーな靴は、オシャレの上級アイテムだけれど、うっかりその危険ゾーンに足を突っこんでしまうと、オシャレがアダになると覚えていて。

そもそも〝地味〟も〝派手〟も、どちらも老けてしまう可能性を含んでいるが、今どきのエロい派手さは、それ自体が〝若老け〟の匂いを放ってしまう。でもその〝若老け〟を20歳そこそこで堂々と身につけるから、若さがかろうじて勝つだけのこと。〝老け〟を遊んでいる形なわけで、〝老け〟を遊べない大人が、この手のアイテムをいじると、よけいにワケがわからなくなる。私たちはあくまで〝若い大人〟を目指すべきで、〝老けた子供〟アイテムは、ハッキリNGなのである。

〝若い大人〟の上手なつくりかた

コムスメ世代が老けて見え、大人世代が若く見える……どっちにしろ、今の日本のファッションには、そうした逆転現象が起きている。

だからもう一体何が〝若づくり服〟で何が〝老け服〟か、まったく混沌としてしまっているのが現状。そう、コムスメアイテムは、本来堂々たる大人が着ている服だったりするのに、今やそれを大人が着ると、〝老け〟る前に〝若づくり〟にも見えてしまうという、妙なからまり現象が起きている。

そこで一度整頓すると、コムスメたちは〝大人の女〟に見せたいから、ケバい服を着る。そして40代くらいのセレブ系の大人は今、若々しく見せたいから、カジュアルを着る。それは、本来、ゴージャス服が年上に見え、カジュアルが若く見えるという動かぬ法則があることを物語っているが、ではその間《はざま》にいる世代、30代はどうするか。40代のように若さを誇示する必要もないし、コムスメのように色気を誇示することもない。

だから、どこかにゴージャス感やセクシーなテイストがありながら、でもカジュアルという、両方のおいしいとこ取りをおすすめしたい。幸い〝ゴージャスやセクシー〟と、〝カジュアル〟という相反するものを組み合わせるのが、今のオシャレの鉄則でもある。

コムスメも40代も、自分たちの印象年齢を操作しようとするから、セクシーならセクシー、カジュアルならカジュアルに偏るのだ。そんな操作の必要がない世代なら、両方を思う存分混ぜられる。好きなバランスでミックスさせればいい。

その結果生まれるのが〝洗練〟。ダブルミックスで〝洗練〟を極められるのがこの世代の特権なのかもしれない。

「恥ずかしい服」を考える

〝ちょっと恥ずかしい〟くらいの服が、人をどんどんオシャレにする

オシャレにおける〝恥ずかしい〟……それは、学校の授業でひとり先に手をあげる時の恥ずかしさに、ちょっと似ている。

別にスタンドプレーなわけじゃない。答えが人より先にわかったから、挙手をする。でもそれで、間違ったら自ら手を挙げた分だけ恥ずかしい。〝ひとり目立っちゃってさ〟と思われるのは困る……そういう〝ひっこみ思案〟な羞恥心はひたすら〝もったいない〟が、オシャレにおける羞恥心も、かなりもったいない。

こんな服を着たら目立っちゃう、……そう思って手を引っこめてしまうと、そこでオシャレ

が不発に終わる。結局、もとの〝無難〟に戻っていってしまうからだ。

〝無難〟とは、みんなで仲良く目立たないようにスクラムを組んでいること。よってオシャレとは言えない。そこから抜け出ること、イコール〝スタイルを持つこと〟なのに……。

だから、ちょっと〝恥ずかしい〟と思うくらいの服こそ狙い目。店に入って真っ先に目に入ってきた服だけれど、周りの人はこんな服、着ていない……。心惹かれるのに、周りの人は着ていない？　これほど理想的な服なんてないはずだ。そういう服を、一瞬の勇気をもってエイッと着てしまうことがオシャレ。一度着てしまうと楽になる。自信もつく。次回はもっと堂々と胸を張って着られる。だからもっと似合ってしまう。そこでもう、〝周りの人たちの無難の輪〟からは、一歩抜け出ているはずだ。

そうこうするうち、前は〝恥ずかしかった服〟が恥ずかしくなくなる……そうやって自然に生まれていくのが、すなわち〝洗練〟なのである。

そして〝恥ずかしいくらいの服〟を成功させる最大のコツは、やっぱり人真似だ。〝街でひとり目を惹く人〟には、必ず理由があるはずで、黒の装いに一点ポンと靴だけオレンジだった人だとか、初夏にブーツを履いていた人だとか、長すぎるストールをきれいに巻いている人だとか。必ず何かを一点外していて、それが目を惹き、それが忘れられないほどカッコよかった人なんじゃないだろうか。

自分ではとても恥ずかしくてできないことも、人真似なら恥ずかしくない。まずはそこから始めてみようか。恥ずかしいギリギリのオシャレをすることが、逆に快感に思えてくる。そうなればこっちのもの。

でも「恥ずかしい」を忘れるとオシャレは必ず〝不思議〟になる

一方にこんな言い方がある。

「女は〝恥ずかしい〟という意識を失ったら、もうおしまい」

言いかえるなら、〝恥じらい〟は女をエレガントに見せる生命線みたいなもの。むやみに恥ずかしがるのも未熟さを印象づけてしまうが、恥ずかしいことをちゃんと恥ずかしいと思えることが、女に気品をもたらすのを時々再認識しておかなきゃ。

さっきは〝恥ずかしい〟くらいの服が理想、恥ずかしいを乗り越えるところに洗練が生まれると言ったけど、それはあくまで、羞恥心がちゃんとあってこその話。羞恥心のある人が〝恥ずかしい〟くらいの服を着るから、そこにインパクトが生まれるわけで、〝恥の意識〟をもっていない人に、コモンセンスも服のセンスも絶対生まれない。

まず、肌の露出も〝恥ずかしい〟があれば、一線を越えてはいけないというブレーキが自然にかかるから、一見大胆な露出もちゃんと美しい。でも〝恥ずかしい〟の感覚がマヒした人は、下品に見える以前に人として野暮に見え、不愉快な女に見えてしまう。エロカワイイにとどまっていればいいが、頭が悪く見えてしまう。見事なペアルックが、人前で平気でいちゃつく図々しさを想像させてしまうように、いかにも人の話を聞かなそうな、身勝手な女のイメージを描かせてしまうから、損なのだ。

現実に、オシャレが上手な人に、非常識な人ってやっぱり少ない。人の心も、時代も読めてこそのセンス。

〝勇気もあるけど、ちょっとシャイ〟な人が、じつはいちばんオシャレなはずだ。

だから、あなたが常識人なら大丈夫。思い切り恥ずかしい服を着てしまおう！　常識人の〝度を越した派手〟は、他人から見ると、じつは少しも派手じゃない。こういう人は恥ずかしいくらいでやっと普通……今はそういう時代なのだ。本人が心配するほど、世間はあなたを見ていない……そうも言える時代。だから、さあ思い切って！

〝恥ずかしさ〟克服訓練ならば〝帽子〟と〝パワフルアクセ〟

〝ひっこみ思案〟の克服には、人前で話をするのがいちばんと言われるが、もしもそこで失敗でもして、大恥をかいたら、もっと激しいひっこみ思案になりかねない。だから、あとに引っぱらないためのコツは、知り合いが誰もいない人前で話すこと。〝旅の恥はかき捨て〟みたいに、逃げ帰ればそれで済んでしまう。

同じように、オシャレにおいても旅先では失敗を恐れずに度胸をつけられるが、同様に度胸がつくアイテムがあるとすれば、まず帽子。帽子は多くの場合、服よりも強い。上手にかぶればもう間違いなくオシャレに開眼できる。インパクトをいちばん目立つ頭の上にのせるようなものなのだから。

でもその一方で、帽子は脱いでしまえる。空気を読める女なら、場違いな帽子や不要な帽子は脱いでしまえる。だから着脱可能なインパクトは、恥をかかずに度胸をつけられる、とても便利なオシャレ養成アイテムなのだ。恥ずかしいまま一日を過ごすのは、相当にストレスだし、オシャレ心の成長を妨げるから、脱いでしまえることは大きな決め手なのである。

ましてやここ数年は帽子ブーム。そのブームにのって一気に度胸をつけた恥ずかしがり屋はいっぱいいるはずだし、オシャレに開眼したいなら今がチャンス。奇しくも今は、パワフルな量感ネックレスがトレンドの主役になっているが、これも着脱可能のインパクト。今までプチなペンダントばかりで、せいぜいパールの二連ネックレスくらいしかしたことのない人が、そのゴロゴロした大ぶりのネックレスを思い切っていっぱいつけると目の前が一気に開ける。オシャレってコワくないじゃない、って。

恥ずかしいと思ったとたんに〝失敗服〟。パーティでは、やってしまう

女がいちばん悩み、いちばんコワがるのが、パーティやレセプションなど、それなりのドレスアップが必要な場面だろう。要するに何を着ていったらいいの？　って。そういう場面で大げさに着飾りすぎて目立つのはイヤだし、反対に人一倍貧相に見えることも避けたい、ともかくひとり浮くことで恥をかきたくないから「何を着ていく？」とひたすら周囲に聞きまくる。

でも確認が勇気になり、ちょっぴり〝恥ずかしいドレス〟にも挑む気持ちになれるのなら、どんどん聞いて不安をなくせばいい。

断っておくが、こういう場面では、目立たなきゃ意味がない。だから多少ドレスアップしすぎるくらいでちょうどいい。地味で沈むよりは、目立つほうがずっといいのだ。男の場合はドレスコードを破るのは明らかに恥ずかしいが、女性は多少やりすぎちゃっても〝間違い〟にはならない。

しかしそこで恥ずかしいと思ってしまうと、たちまち〝間違い〟になるのがドレスアップ。堂々としていれば、失敗にはならないのに。そういう時は、堂々と目立ってしまうに限るのだ。

パンツが見えそうなほどのウルトラミニをはいているのに、階段でお尻をかくしたりするのはかえってみっともない……そう言われるのも、〝パンツが見えてもへっちゃらの女になれ〟という意味じゃなく、そこで恥ずかしがると、その短さがもうファッションではなくなるから。だったら、見せてもいいものをはいておくべき。

とあるレセプションでティアラをしてきた招待客がいて、さすがに目を惹いたが、ちょっとやりすぎと判断したからなのか、途中からそれを外し、よけいに目を惹いてしまった。いっそ堂々と胸を張っていれば、結果としていい意味で記憶に残る人になったのに、恥ずかしがったがために本当に〝間違っちゃった女〟として記憶に残ってしまう。着脱が自在なものは取っていいが、そういうものは基本的に一度身につけてしまったら、悪あがきせずに胸を張ってしまうこと。おどおどしていたらどんな服も恥ずかしい服になってしまう。恥ずかしく思わなければ、恥ずかしくない。これもオシャレの鉄則なのだ。

第一、パーティは、今ハッキリ言ってしまって何でもあり。それどころか、普通のドレス＝野暮の時代。だから、それこそ大なり小なり恥ずかしいくらいの服に挑戦しなきゃ損。それを突破口に、ずんずんオシャレの階段を上れるかもしれないのだから。

幸せになるためのオシャレのキモは、人に恥をかかせぬ思慮深さ

さて、恥ずかしさもいろいろ。コーディネートを大間違いしてしまった日は、開き直ってはダメ。おどおどしてもダメ。負い目があると人は謙虚でいられるから、穏やかにニコニコ一日を過ごすこと。すると、恥ずかしい服が目立たない。そして一秒でも早く家に帰ってしまうこ

と、それしかない。

デートなら尚さら、キャンセルするか、着換えに帰るか……。その間違った服でデートしても、女はたぶん楽しくないし、絶対にいい表情ができないからである。

もともとがデートや合コンは、こんな服を着たら〝恥ずかしいかも〟と思う恥の意識がいちばん強く働く場面。女がオシャレで幸せになろうとする時、いちばん重要なのは、この〝恥のバランス〟かもしれないのだ。

そして恋がうまい女って、要は彼氏が〝恥ずかしくないような服〟を選べる女。恋愛において〝どこに出しても恥ずかしくない彼女〟と男に思わせることも、大人の女の知性のうち。ポイントは、彼が肌の露出を好きか嫌いか、めかしこむのが好きか嫌いか。そこで彼が〝恥ずかしい〟と思うその一線を越えてしまうと、デートでの口数が少なくなり、〝ぎくしゃく〟が致命傷となるからである。

しかし、合コンはもっと厄介。ひとりだけ気負っちゃってるのは、女性たちに対し恥ずかしい。でも、自分がいちばん地味なのは、男たちに対して恥ずかしい。ひとりだけモテないのは、自分自身に対して恥ずかしい。いろんな恥ずかしいが交錯するはずなのだ。

だからそういう時に重要なのは、単なるオシャレの知識じゃない。人の心を読む力。人としての成熟度。相手の男たちがいかにも派手好きコンサバ好きの業界系なのに、何を狙ったのか、スッピンの地味カジュアルで行ってしまうのは、女子をセレクトした女性に恥をかかせることにならないかって思う神経も、やっぱり必要ってこと。

そもそも〝センス〟って、辞書を引くと、〝思慮〟とか〝分別〟って書いてある。言いかえれば、〝恥〟の意識そのもの。センスがあるって、要は場面場面で、誰に対しても恥ずかしくない自分を作り、相手にも恥をかかせない自分を作る知性そのものなのだって、早く気づいてほしい。

4

一目置かれる着こなしを身につけたい人へ――

着まわしからの脱却

着まわしは、平凡のワナである

誰が何と言っても、女は〝着まわし術〟のページが好きである。それは女にとってもはやひとつの快楽。得した気がする、頭が良くなった気がする、オシャレに、ステキになれた気がする……と、3つの快感が一気に得られる、これはもう立派な快楽だ。

しかし、着まわしページにハマることと、着まわしそれ自体は、ハッキリ言って別。着まわしには大きな落とし穴があるからで、じつは私自身も、着まわしに強く執着しすぎて、〝平凡〟の落とし穴に思い切りハマったことがあった。

まず買い物のときに、〝着まわし〟を意識しすぎると、無難なものにしか手が出ない。この服、何個のコーディネートに使えるかしらって、その場で自分の手持ちの服との組み合わせを、頭の中でイッチ、ニッと、数えたりしてしまう、それでは永遠に、華のある、見せ場のある服には手が出せない。自ずと便利なだけで力のない服を買い集めてしまう。

そしていちばんコワイのは、日々のコーディネートも便利なもの同士を合わせるだけだから、引っかかりのない、地味で当たり前の装いを来る日も来る日も続けてしまうこと。

3着の基本服に7枚の単品を取っかえひっかえするだけで、1ヵ月間ほとんど毎日違うコーディネートができちゃう！　というのは確かに感動。でも、そういう喜びと背中合わせに、1ヵ月間毎日〝平凡な女〟ができ上がっていく可能性もあるわけだ。

あえてハッキリ言わせてもらえば、プロが計画的に集めて組み立てたワードローブを、プロがヘアメイクしたモデルのプロポーションに着せかえていけば、いやが上にも華は生まれてしまうが、素人がいつの間にか集めてしまったワードローブを、自分で組み合わせ、自分に着せるのだ。小物合わせなども〝完璧〟ではないだろう。ざっくり雑誌の真似をしても、いちばん肝心のスカーフや柄物ストッキングの柄を省略してしまったら、恐ろしく地味になる。その省略が致命的なのだ。そのギャップがとんでもなく大きな差になってしまうのだ。

着まわしへの拘泥が平凡へのワナ……うすうすわかっているのに見て見ぬふりをしてきたそ

の事実に、この際だから、一度ちゃんと向き合ってほしいのである。

〝合わせやすい単品〟より、〝合わせにくい単品〟の勝ち

ところで今は、スーツなんてもともとめったに買わない時代。ジャケットを買うときに、共布のボトムを買っておけばイザというときスーツになって便利かも……なんて思ってお揃いで買っても〝そのイザというとき〟は今、あんまりやってこない。イザというとき、結局は最初からスーツで着るつもりでいた別のスーツを着てたりする。便利にスーツにも着まわせる〝お対《つい》〟は、便利じゃないことのほうが多いのである。

そもそも今は単品の時代。スーツがオシャレのひとつの柱になっていた時代は、着まわしが強い現実味を帯びていたけれど、最初から単品を組み合わせる毎日なら、着まわすのが当たり前。単品同士を組み合わせてていねいに〝オシャレ〟を形づくっていくのが当たり前の時代に、〝便利〟という基準で単品コーディネートしてしまうと、それこそ何のインパクトもない、地味で当たり前の装いを毎日くり返してしまうことにならないか？

単品同士のコーディネートの命は何かと言えば、ひとつはひたすら〝ていねいさ〟だと思う。にもかかわらず着まわしを習慣にすると、試しに合わせてみたら何となく合っちゃった……みたいに安易なやっつけコーディネートが結果的に多くなる。それではぜったいに質の高いコーディネートにはならないはずだ。

そして、単品コーディネートのもうひとつの命は、〝個性〟。合わせやすいブラウスに合わせやすいスカートを単品コーディネートして、個性的な装いに仕上げるなんて、よっぽどのセンスがないとムリ。

もっと言えば、上質感みたいなものがどこかに漂わないと、単品コーディネートは必ず貧しく見える。上質な個性を成立させるためには、その単品単品が逆に〝合わせやすいもの〟ではダメ、どこかに着る人を緊張させる〝合わせにくさ〟みたいなものがなくてはダメなのだ。棚にドンと置いてあるだけでも、存在感が漂ってしまうような、またシルエットが他にはない個性を放っているような、だから容易には合わせられない、そういう単品をていねいに組み合わせてこそのオシャレ。

〝合わせにくさ〟にこそ力が宿る単品時代、着まわしやすい便利な服って、果たして本当に便利なのだろうか？

着まわしより、頻度の高い意外な一着！

じゃあ〝着まわし〟の代わりに、私たちは何にすがればいいのだろう。そうは言っても、〝着まわし〟は強い味方、ひとつの〝拠りどころ〟にはなっていた。いや、仕事を持つ女にとって〝着ること〟は〝生活〟に等しい。従って〝着まわし〟のきく服をいっぱい持っていると、それだけで地に足がついているような安心感があるのは確か。単純に、生きるのがラクになる、みたいな。であるならば〝着まわし〟意識を捨ててしまったら、とたんに先が見えない不安にさいなまれてしまうのじゃないか。

だから、〝着まわし服〟の代わりに〝頻度の高い服〟を買ってほしいのだ。〝着まわせる〟のと〝頻度の高さ〟は、一見同じことのように思えるが、じつはまったく違う。

あなたのワードローブにも、登場回数のやたら多い服と極端に少ない服があるはずだ。同じような黒いパンツが何本かあっても、それぞれ1ヵ月に着る回数には、大きな開きがあるはずだ。そして、バンバン〝着まわし〟するつもりで買った服が、じつはあんまり使えず、代わりにバンバン着ている服は、着まわさないつもりで買った〝意外な一着〟だったりするかもしれない。

なぜ、〝意外な一着〟を〝便利な一着〟よりたくさん着てしまうのか？　答えは簡単。〝便利な一着〟は服としてのパワーが弱く、〝意外な一着〟は服として強く、美しいからである。着たときに、存在が強く見え、自分がキレイに見えるからである。装いのクオリティが高まるからである。

失礼ながら、モデルとか女優も同じ。〝売れっ子〟は無難で使いやすいから売れるのではなく、むしろ個性が光り、その人を起用すると作品のクオリティが高まり、強くなるから、あっちでもこっちでも出てほしいと出演依頼があるわけだ。つまり〝売れっ子女優〟は、その人でないとダメだから、仕事が増える。頻度の高い服も同じだと思うのだ。

その服じゃないとイヤ、そういう服を持つこと。誰がやってもいい仕事しかまわってこないタレントのような服なら、いらない。

〝頻度の高い服〟は2つの定義を持っている。高価で美人？

最近の自分のワードローブの中で、いちばん登場回数が多かった服は、一体どんな服なのか、まずはそこから見つめ直してみてほしい。ひょっとすると、こんな服だったのではないだろうか？

ひとつには、人にほめられる服。それを着ると、なぜか人にステキと言われる。親は目を細め、恋人は優しくなり、女友達は「どこの？」と聞く。ともかく周囲の人々からやたら反応の良い服って必ずあるはずだ。自分も気がつけば、何かというとそればかり着ているというトップス、またはワンピースやスーツが……。

それはたぶん、上品な派手さを持っている服、少なくとも自分をいちばんキレイに見せてくれる華やかさがある服。ただそれは〝着まわし服〟をさがしていたら出合えない服。お店に入って真っ先に目がいき、体が吸いよせられてしまう服って必ずあるはずだが、それも自分をキレイに見せてくれそうという女の予感がそうさせる。しかしそういう服は〝便利かどうか〟を考えたとたん、候補から外れていく服。だから最初のそのひらめきを大事にしてほしいのだ。

次に、気がつくとそればかり着ている、でもきわめてオーソドックスだから、たとえ毎日着ていても人に悟られない。だから恐るべき頻度で着てしまうボトム。これにはどんなトップスを持ってきても全体が上質に見える、そのくらい〝上等感のインパクト〟のあるボトムである。仕立ても素材も良く、だから毎日スタイルを良く見せる、そういうものなら、ボトムに限らずワンピースやスーツの場合もあるかもしれない。ちなみにそういう一着と出合うコツは、あきらめないことと思い切ってお金をかけること。一流ブランドの、8万円以上するボトムを一着持つと、その意味がわかるはずである。

二つの定義、買い物のたびに思い出してほしい。

着まわすのではなく、つけまわす、小物上手の派手

プロの着まわし提案と、自分自身の着まわしの、いちばん大きな差は、〝小物づかい〟にあると言った。日常の着まわしでは、小物づかいを、ま、いいかと省略してしまう、そこに平凡

のワナがあるのだと。

ハッキリ言って、小物は時に服より強い。服に堂々勝ってしまう。だから着まわしよりも、つけまわしのほうがはるかにオシャレ効果は高いのである。

小物と言っても、ここで言う小物とは、おとなしくチマチマしたものではなく、服よりも目立つようなインパクトのある小物。スカーフも首もとにちょっと巻く小ぶりのものじゃなく、服の印象をガラリと変えてしまうような、ロングストールやファーのストールみたいなもの。装いの生命線となりうる小物は服よりも何倍もパワフルだったりする。だから、着まわしにも勝てるのだ。

少なくとも、何着もの服をぐるぐる着まわすよりも、少数精鋭の上等服に、大胆かつていねいに小物を組み合わせていくほうが、むしろ毎日〝存在感ある女〟でいられることだけは確か。そして、思い切った大胆な小物合わせに耐えられるのは、シンプルだけれど、凛としていて存在感ある上等な服だけ。だからこそ、便利な着まわしでは決して表現できない、〝格上の女〟の印象が醸し出せるのだ。

着まわしより、つけまわし。そのためにも〝頻度の高い服〟をていねいに選び、小物を大胆に選ぶ。服の数を揃えることより、服の一着一着、小物のひとつひとつにお金と神経をつかいたいものである。

それでは一生、ワンピースを着られない

着まわしに執着すると、しだいに目に入らなくなってくるのが、ワンピースである。何でもないシンプルなワンピースをベーシックカラーで選ぶようなことはするのだろうが、それも上にジャケットやカーディガンをはおるくらいしか着まわせないから、着まわしの世界においても、ワンピースはいちばん〝つまらないアイテム〟になる。だからとりわけ関心がなくなっていくのは、一着ですべてが完結してしまう、美しい美しいワンピース。うっかりすると、一生着ないで終わってしまうかもしれない完璧なワンピース……。

そもそもが、女をいちばん美しくエレガントに見せるのは、他でもないワンピースである。なぜならば、〝女ヂカラ〟がもっとも強いアイテムである上に、〝服ヂカラ〟ももっとも強い、最強の〝女服〟だから。

特にコーディネートしようがない、上から何かをはおることも小物をつけることすら許さな

い、自己完結型のワンピースは、有無を言わせず女を女として際立たせる。

そういうワンピースを着るほどに、女は女であることを自覚し、自分の中に眠っているエレガンスを目覚めさせる。つまり、女を内側からキレイにしてくれる服なのである。であるなら、通勤にも、そういう華麗なワンピースをもっともっと着ていくべきじゃないかと思うわけだ。

たとえば、同じシリーズで、ワンピースタイプとツーピースタイプ、2つのデザインが用意されていたとしよう。そういうとき、ツーピースならバラで使えてトクであるとついつい思ってしまうところを、ぐっと堪えてワンピースを選んでみる。

ほとんど同じようなデザインに見えても、ツーピースとワンピースではインパクトがまるで違う。それがワンピースの服ヂカラを如実に物語っている。ワンピースとはそういう服なのだ。だから思い切って、着まわしをあきらめる。

カジュアルからフォーマルまで、一着でこなすワンピースもある

ワンピースは、ある意味でとても偉大である。まずは朝、忙しい身じたくの時にコーディネ

ートに悩む時間をカットできるから。そんなこと？　というかもしれないが、これは働く女にとっては思いのほか重要なこと。今日はこれを着ていこうと思ったとたんに身づくろいが終わる。不要なストレスをためない大きな決め手だ。しかもコーディネートがうまくできなかった日は、気持ちが悪いが、ワンピースの〝服ヂカラ〟は、服を脱ぐまで一日中持続し、女に勇気を与えてくれるはずだから。

そしてまた、ワンピースは一着でいろんな場面に使えるという別の便利さがある。

今私がいちばん〝信頼〟しているワンピースは、ほとんど黒に近いダークネイビー、厚みのあるジャージー素材で、ノースリーブのチューブタイプのものだが、これがノーアクセサリーならサンダルはいてカジュアルに、絹のストールを巻けばお出かけ着に、きちんとしたジュエリーをつければカクテルドレスになってしまう。本当にコワイくらいに幅広く着られてしまうのだ。

しかし、それを狙って買ったわけじゃない。ただシルエットの美しさに惹かれて買った一着。着てみてはじめて、どんな場面にも着られてしまうことがわかったのだ。ワンピースはそういう万能という意味での〝服ヂカラ〟も備えているのである。スーツじゃこうはいかない、単品組み合わせでもこうはいかない。カジュアルからフォーマルまでいけてしまうなんて、こんな強力な着まわし服はないはずなのである。

毎日ちょっとずつでも装いを変えるのは、そんなにオシャレか？

目立ちたくないならいい。街でもオフィスでもハッとされたくないならいい。でも、やっぱり周囲にうもれてしまいたくないと思うなら聞いてほしい。

オフィスには、毎日同じものを着ていきたくないと、誰もがそう思っている。オシャレな人ほど、そう思って当然だ。

でも本当に上手な着まわしで毎日ちょっとずつでも違うコーディネートで行くと、周囲はスゴイと思ってくれるのだろうか。

そもそも装いは、毎日違えばそれでいいというものじゃない。毎日変えられても〝着まわし系〟の匂いがぷんぷんすれば、〝衣装持ち〟のイメージより、〝やりくりしている〟イメージのほうが強く出てしまい、かえって貧しく見えてしまうのかもしれない。

それより、月に3～4回同じ服でもいいから、ともかく毎日毎日強いインパクトを放つことが大事。数を追求するより迫力あるオシャレを追求すべきなのではないか。女は、便利さより、美しさにもっともっとこだわるべきなのではないか。

そこで、月に2日ずつならまったく同じ装いでもいいという発想での着まわしを改めて考えた。週に5日、月20日とすると、10日をワンサイクルと考えればいいわけで、10組の装いをつくるのはさほどしんどい話じゃない。まして、〝頻度の高い服〟は小物しだいで2通りにも3通りにも着られるわけで、そうしたらせいぜい5〜6着の〝上質な服〟があれば充分なのだ。

だからこそ、着まわし単品をどんどん増やすより、それが3着、4着、5着買えるくらいの上等なワンピースを一着買ったほうが、女は毎日ずっとキレイでいられる。そしてそのほうが、キレイも増えていくんじゃないか。

オフィスの同僚に、彼女も着まわし頑張ってるなーと思われたらおしまい。あ、今日のスカートと昨日のジャケットはスーツで買ったんだ、とわかるのも何か寂しい。でも着まわし服は、やっぱり着まわしの匂いをぷんぷん漂わせてしまうのだ。

ここで一度着まわしへのこだわりを少し解いて、一品一品にこだわり、本来の美しさにこだわってみたらどうだろう。

そのほうがうまくいく、そのほうが、結果女は得である。

高く見えるデニム、安く見えるデニム

デニムが高く見える女と安く見える女がいる

おそらくこの世でデニムほど、価格が意味をもたないアイテムもないだろう。たとえば、いわくつきのヴィンテージとか、ラインストーンつき、とにかくみんながひれ伏すブランドネームで付加価値をつけたとしても、やっぱりデニムはデニム。他のすべてのアイテムが宿命的にもっている〝質の良し悪し〟が問われない唯一のアイテムだからである。

逆に、まったく気取りのないデニム屋さんで、山積みにされたデニムのいちばん下に、捨て置かれていたような1本でも、いくらだって高く見せられる。高く見せるのも安く見せるのもデニムそのものじゃない、人なのだから。

デニムは、ジュエリーとか毛皮みたいに、〝金目の力〟で女を高く見せてはくれない。仕立てのいいスーツやワンピースみたいに、女を上品に見せてはくれない。そして何より、長めのもっさりスカートみたいに、体型をカバーしてはくれない。ハッキリ言って、女に対して何もしてくれない、きわめて非情なアイテム。

だからこそ、丸裸の女が試される。いや、試されるどころか、デニムは見えないものもあらわにしてしまう。その女の〝値段〟さえ。ちょっと皮肉だけれど、〝値段〟が何の意味ももたない服だからこそ、女の〝値段〟をいちばんシビアに問うのである。

じゃあ女の値段って何かと言えば、ともかく女として人としての評価をすべて足していった総合点。デニムというもっとも非情な服は、目に見えないもの、すなわち知性とか才能とか人柄とかマナーのあるなしとか、そんなものまでをひっくるめた女の価値を問いただす。結果として、高く見えるデニムと安く見えるデニムでは、日本円にして数十万円相当の格差が出てきてしまったりして。ともかく、この世でもっともごまかしがきかない服なのである。

そういうデニムがオシャレのひとつの主役である時は、要するにますます中身が問われる時代だってこと。

トレンドをいかに上手に追えたかより、ブランドものをどれだけ持っているかより、スタイルがあるのかどうかを問われる時代だってこと。そしてデニムを高く見せられる女こそ、紛れもなく〝スタイルのある女〟……そういう時代なのである。

デニムは毒、野暮にブレーキをかける〝引き算〟アイテムだ

極端な話、デニムとはもともとが〝労働服〟。今さらほじくり返すこともないけれど、そのルーツはまさに作業着で、オシャレとは対極にあったのだ。だから、プラスかマイナスかと言ったら、まったくのマイナス。ポジティブかネガティブかと言ったら、まったくのネガティブ。他のものの美しさをいちいち否定し、足を引っ張ってしまう、本来はちょっと危険なアイテムなのである。

そういうものが、ここまでファッションの軸になったのも、デニムがオシャレにおける唯一の〝ブレーキ〟だからだろう。オシャレもエスカレートすると、たちまち野暮になる。過ぎたるは及ばざるがごとし。いっそ何もしないほうがマシなくらい、オシャレを重ねづけしていくことは難しい。

けれど女はそうとわかっていても、どんどん付け加えていこうとする。アクセルを踏みつづけてしまう。だからそれを良い意味で否定し、マイナスし、ちょうどいいオシャレまで引きもどすのがデニム。つまりデニムは毒をもって毒を制して〝粋〟をつくる、たったひとつの引き算アイテムなのである。

たとえば〝全身ブランドものの女〟も〝金目のものだらけの女〟も、また〝オシャレしすぎの女〟も、みんなみんなトゥーマッチ。それを引き算で〝粋〟にもっていき、アカをこすり落とすようにアカ抜けさせるのが、デニムだと言っていい。

だから、デニムはまったく高価でなくていいし、にぎやかな装飾がなくていいし、お行儀が良くなくていい。ダメージがいっぱいあったほうが、良い毒になる。〝粋〟の計算が、際立ったりもする。

そして重要なのは、ここ。そういう計算をちゃんと成立させるためには、デニム以外は多少トゥーマッチなオシャレをしてること。少なくとも華のある服を合わせないと、デニムは〝労働着〟になり下がってしまう。だから、デニムを着るなら、本気でオシャレをしてほしい。

ちょっとやりすぎなくらいに……そういう過激な足し引きにこそ、スタイルが生まれるのだから。

デニムのオシャレは、〝矛盾の美〟のシンボルである

かくして、デニムが〝引き算〟アイテムなら、合わせるものが地味な服ではぜったいにいけない。マイナスをさらにマイナスしてしまうことになるから。

かと言って、単に派手なものを合わせればいいというものでもない。いわゆる満艦飾の派手さや、ケバい派手さでは、デニムでも粋の〝引き算〟ができなくなる。それどころか、安いケバさがむしろ加算されていってしまう。そこがデニムのこわいところ。デニム自体にもともとケバさはないが、逆のベクトルであるノーブルさをまったく備えていないから、ケバさとたちまち同調し、簡単に引きずられていく。つまりデニムに、〝粋〟の計算をちゃんとさせるのは、デニムと対極にあるもの、正反対にあるもの、だけなのである。

デニムはもともと労働の服だから、合わせるものは逆に、仕事をしていないふうのレディな服であるべきだし、デニムは究極のカジュアルだから、逆にどこか、ドレスアップされた服であってほしい。そしてデニムはもともと男の服だったから、どこか女っぽくないといけない。

何よりデニムは安いから、安っぽい服ではぜったいにいけない、どこかに必ず〝気取り〟みたいなものを漂わす高級服じゃなきゃいけない。そういうこと。

デニムに合わせるトップスとして、かつていちばんポピュラーとなったツイードジャケットは、その条件を一応すべて満たしていた。デニムと対極にあると言っても、カチッとしたジャケットではあまりにバランスが悪いし、男仕立てのニュアンスが邪魔してうまくハマらないから。

結局のところ、デニムは〝矛盾の美〟の象徴なのだ。エロかわいいも、カッコかわいいも、ゴツかわいいも、すべてはそこに〝矛盾〟があり、相反するふたつの要素が交わり合った時に、トゥーマッチじゃない〝粋〟なオシャレが成立することを意味しているが、デニムのオシャレもその矛盾がなくては粋が成り立たない。だから、デニムには、デニムと逆のもの、思いきり正反対のものをぶつけるほどに、高いデニムになるはずなのだ。

細く見えなきゃ、高く見えない。それもデニムの不思議

では、デニムを最初にオシャレの主役にしたのは、一体誰だったのか？　今となってはそこを忘れがちだけど、元はといえば、トップモデルたち。キュッと上がった小さめのヒップと、長くて細い脚を強調するためにデニムをはいたことを、忘れちゃいけない。

本来のデニムの位置づけは、体型もお行儀もセンスも何も問わない、そして何より、体型も問わない、まったくもってお気楽な服。ところがモデルたちが自分たちの制服にした時から、役割がハッキリ変わった。メゾンのパーティに、コレクションに出たモデルたちがデニムでかけつけたことで、ドレスコードまでが、塗り替えられてしまったのだから。

つまり、今のデニムはハッキリ言って、やせて見えなきゃ意味がない。デニムで豊満を自慢しても何の意味もない。体の細さ、長さを強調するデニムだけが美しいのだ。そして細く見えなきゃ、高くも見えない。そこがデニムの難解にして不思議なところ。

だから女のデニムは、自分がいちばん細く見えるアイテム選びから始めるべき。ローライズ

が流行りなら、誰でも彼でもローライズというのは、だから間違った判断だったわけだし、下半身に自信がないなら、無理して脚長ジーンズをはくより、ルーズなデニムをラフに着て、その分上半身を細ーく見せる。そのほうが結果としてずっとやせて見えるわけだし、それでもダメなら、トップスをデニムにしてボトムをふんわりカバーするというふうに、やせて見えるコーディネートを探すべきなのだ。

ともかく実際より太って見えるデニムなら、わざわざデニムなんて着なくていい。やせていない人は、ちゃんと着やせする〝もっと質のよい服〟を身につけるべき。それがオシャレというものである。

見事な美肌の持ち主は、スッピンのほうがゴージャスだ。デニムもそれとまったく同じ。細くて長い脚の持ち主ほど、デニムがゴージャスに見えるのはモノの道理。だからデニムのオシャレのもうひとつの醍醐味は、今の体に合ったデニムを喜んではくんじゃなく、なりたい体型のデニムを買って、それがキレイにはけるまで、根気よくトレーニングで体を研ぎすますこと、にある。

デニムはそういう過酷なオシャレ、だからこそ、どんなオシャレより洒落ているのかもしれない。

男たちの目に、セクシーに映ってこその〝高く見えるデニム〟

〝女性のどんなファッションが好き？〟と男たちに聞くアンケート結果で、1位にランクしていたのが、他でもないデニムだった。でもそこで、やっぱりねと、安心してはいけない。覚えている人は覚えているだろう。彼らが考えるデニムのイメージはと言えば、「松嶋菜々子が結婚の会見の時に、細身のストレートデニムをはいていた、アレが、ボクの理想とする〝デニムの女〟」。そうコメントする男がいた。

少なくとも、結婚会見という晴れやかなシーンでの女のデニムは、愛されている女が、穏やかな心で、男と違和感がないようにとても自然に選んだものだったと思う。女から見ても、幸せをこれ見よがしにせずに、逆に涼やかデニムでかわすセンスには脱帽だったが、男から見れば〝人妻〟になってしまう美人が放つ独特の艶《なま》めかしさが、あのデニムで〝引き算〟されていたという意味でも、理想のデニムスタイルに映ったのだろう。

一方アンジェリーナ・ジョリーのデニムには本当に惚れ惚れすると言った男もいる。確かにかつてブラピと二人で来日した時のあの人は、黙っていてもあふれ出そうなラグジュアリーな色気が〝熱愛中〟のブラピの存在で尚さらはち切れそうになっていたが、その色気がデニムでちゃんと抑制されていて、これはもう誰が見ても見事だった。

どちらにしても、男の心をとらえるデニムとは、あふれる色気の〝ブレーキ〟となるデニム。そこにはセットとして、今を盛りの艶めかしさがないといけないのだ。

そもそもデニムは、見るからに乾いていて、乱暴で色気はまったく含んでいない。だからと言って、ありきたりのわかりやすいセクシーでこってり飾りたてると、哀れなほど安くケバくなる。そうではなくて身につける本人から湧き出るセクシーこそ、デニムと対極にあり、矛盾の美を生みだすのである。

そして私たち女のデニムは、いつもそういうふうに、男を惹きつけるものでないといけない。デニムのオシャレを究めるあまり、男からの評価を外してしまっては意味がないのだ。女のオシャレは、いつどんな時でも、結果として愛されるためのものになっているべき。最終的に幸せになること、それがすなわち女のスタイル最大のテーマなのだから。

モテる女の〝黒〟使い

黒を着て〝透明な女〟に見えることが、私たち女のテーマ

ちょっと意外だけれど、街ですれ違いざまハッとふり返ってしまうほど素敵な女性は、黒を着ている確率がとても高い。またもっと意外なのは、その黒の装いが人をふり返らせる決め手は、稀に見る透明感だったりすること……。

そう、黒は色の中でもっとも不透明な色。なのに、黒を着て透明に見えてしまう女性って現実にいるのだ。言うまでもなく、その人自身が黒を透き通らせる清潔感にあふれているから。

具体的にたとえば誰？　と言うなら、きわめてシンプルな黒を着ている時の小雪さん。あの人の黒は、明らかに透明に見える。ひょっとすると白を着るよりもっと透明に見えるのかもし

れない。それはひとえに、小雪さん自身が圧倒的な清潔美をたたえているから。肌にも透明感があって、髪もカラーリングの痕跡がないストレートの黒髪、細い手足に端正な顔だちがその清潔美を決定的なものにする。こういう人が着る黒は、本当に白よりはるかに清潔な色に見えるのである。

さてあなたの場合はどうだろう。黒を着ると、どんな女に見えるのだろう。肌荒れしていたらダメ、髪やメイクに手をかけすぎていたらダメ。できればスラリとやせていてほしい。逆から言えば、こってりとしたメイクや巻きの入ったゴージャスな髪などに頼らない、〝素材の美しさ〟だけで充分に美しい人は、黒が不思議に透明に見えるのである。

そしてまた、くたびれていたら絶対にダメ。少しでも疲れていたら、よけいにどんより疲れて見えるのが黒。生命感がキラキラして見えるくらいイキイキした日でないと、黒は透明に見えない。汚く着ると、もっと汚く見えるのが黒なのだ。

そのくらい黒は厳しい色、着る人の清潔や着る人の〝健康〟をとことん厳しく問う色。でもその代わり、黒を着て透明に見えた時の美しさは、誰にも負けない。あらゆる清潔感の中でも、最高位の清潔。あらゆるオシャレに引けを取らないのが、黒の透明感なのである。

黒を、重たく暗い色に見せないワザ、フレッシュに見せるワザ

服の黒は、宿命的に重たくて暗い。その証拠に、〝色彩学〟の本には必ずと言っていいほど、同じ形、同じ大きさで描かれた、黒のトランクとピンクのトランクがあって、「どちらが重く見えるでしょう?」という問いがある。誰がどう見ても、黒のほうが重く見えるが、それはまさしく色がもたらす目の錯覚。

加えて言うなら、黒のほうは硬くて厚い牛革に見え、ピンクのほうはふんわりやわらかい布素材に見えたりする。それも色のいたずらだが、つまりはそのくらい黒は、重く硬く、厚ぼったく見えるのだということ。

黒を着ていると、悩みでもありそうに見えたり、微妙に不機嫌に見えたりすることがあるのはもちろんそのため。だから最軽量イメージのパステルピンクみたいな、とりわけ明るい色が街中にあふれ出す春先、黒を着る時は、そういう錯覚に充分注意すべきなのだ。

しかしながら、黒を重くなく、暗くなく、暑苦しくもなくフレッシュに着られたら、それこ

そパステルピンクに負けないほどエレガント。知的で上品、しかも男には甘ったるいピンクよりも間違いなくモテる。だから、みんなが軽快な春色に走る春先こそ、フレッシュな黒で差をつけるよいチャンス。黒に挑む価値は充分にあるはずなのだ。

そこで考えた、黒をフレッシュに着るテクニック。まず大切なのは黒の分量。春の黒はできるだけコンパクトにまとめたい。たとえばトップだけを黒にして、ボトムにたっぷりした白を持ってきて、白と黒を3対2くらいにすると、黒の体重ががぜん軽くなるはずだ。その時下半身の黒は、よけいずるずる重く見えるので上半身に。

ただし黒の分量を少なくしすぎると、逆にその黒がきつさを生んでフレッシュさに欠けてしまうので要注意。また、合わせる色は、白あるいは白を混ぜたような淡いパステルカラーなど、どこまでも軽い色であること。少しでもくすんだ色だと、黒に引っぱられてよけい重苦しくしずみこんでしまう。

さらに黒は体にピタッとフィットしていることが大事。ルーズにたっぷりしていると、黒は分量以上に重く見え、しかも暗くどんより見える。特に春の黒はあくまでシャキッとスリムに、やせて見える黒を選ぶことが絶対の決め手と言えるだろう。体に美しくフィットしているものなら、黒一色でもＯＫ。そして何より、本人が清潔美をたたえていれば、見事にフレッシュな黒ができあがる。

結局、男は〝黒〟にいちばん弱い

男が思うセクシーな装いの中で、大昔から有名なのが、〝喪服の黒〟。悲しい黒がセクシーなんてちょっと不謹慎だけれども、まさに悲しみの中で〝女であること〟を表に出さないよう抑えこんでいるからこそ、逆にその色気がどこからともなくふわりと舞いあがってしまう。そういうふうに、意図しない色気ほどよけいに艶っぽいということなのだ。

そもそもがヌードの写真でも、ヘアヌードよりセミヌードのほうがよほど色っぽいと男たちも言うように、開けっ広げの裸より、恥じらいを含んだヴェールが一枚はらりとかけられていたほうが、よほどセクシーということ。喪服の黒も同じ。〝女の色気〟は不要な日だからこそ、その〝禁欲感〟がたまらなくセクシーという皮肉な結果を導くのである。

で、そういう〝禁欲的セクシー〟はどうやって作るの？　と言うなら聞いてほしい。通常、〝禁欲感〟というものは、肌の露出を極力抑えることでしか生まれないけれど、黒を上品に着れば、もうそれだけで禁欲セクシーになってしまうということ。

特に、シルエットの美しい黒のワンピース。ウエストをしぼった、黒のボレロスーツなど、ちょっとクラシックな淑女風スタイルの黒は、なおさら禁欲セクシーが濃度アップする。

夫を亡くした貴婦人が、喪に服するため、毎日黒のドレスを着てすごすのだけれど、でも密かに誰かに恋しちゃうみたいな、禁断の恋の匂いがするから、レディライクの黒ほど男の目にはたまらなく艶めかしいのだ。

黒のコンサバワンピースやコンサバスーツは、着方によってはひどく野暮ったくなってしまうアイテムだけに、ともかく〝禁欲セクシー〟を意識して心がけること。未亡人になったばかりの美しき貴婦人のつもりで。

ランクの高い男をつかまえるなら、今、黒の服！

男にモテるのはどんなオシャレ？　というある調査結果で、ちょっと意外だったのは、〝男が好きな服の色〟。1位は白だったから、これはまあ常識的な結果と言っていいが、2位には堂々黒が入っていたのだ。〝男受け好感度〟という意味からすればもっと女っぽい、たとえばピンクとかベージュが来そうなものだけれども、黒はセクシーなだけじゃなく、好感度もすこぶる高かったのである。

ちなみにこのアンケートでは、女が考える〝男受け〟を同時に調査していたが、〝男受けしそうな服の色〟の1位は男の回答と同じ、白。これは大当たりだが、2位は案の定ピンクなどのパステルカラーとあり、やっぱり大きな誤解が生じていることがわかった。

黒への好感は、やはり黒が持っている〝しなやかな気品〟というものから生まれるのだろう。そもそも黒は、清潔感ある人が着たら清潔に、汚く着るといちばん汚く見えるシビアな色と言ったけれども、そういうリスクのある色を上品に着られる人は、もう非の打ちどころなく上品。もっと言うなら〝ピンク〟は男受けを狙ったようなアザトさをはらんでしまうけれど、黒にはそういう計算が入りこめない分、本物の〝大人の清楚〟が匂い、上品がさりげないから、男受けパワーでもピンクなんかには全然負けないのである。

反対から見れば、「黒を着た女が好き」という男のほうが「ピンクを着た女」に鼻の下を長くする男より、なんだかランクが上と言えなくもない。頭のいいセンスある男をつかまえるなら、黒なのだ。

とにもかくにも、黒は男受けの大穴カラー。もっと深読みすれば、男受けナンバーワンの白は、黒以上に難しい色である上に、白はイメージ先行の色、つまり白の服でちゃんと男をふり向かせる女はきわめて少ない。だから実質の男受けナンバーワンは、黒の服とする説もある。黒を美しく着れば、女としてもう無敵。〝黒はモテる〟という事実を踏まえて、もう一度、黒を着直してみてほしいのだ。

黒と白、モテる黄金バランスはブラックマリン？

黒と白は、男受けカラーの2位と1位。これを掛け合わせればさらに高い好感度が狙えそう、そう考えるのは短絡すぎる。黒と白のコンビは〝柄もの〟としてもっともコントラストが強いだけに、それなりの注意が必要なのだ。

たとえばまず、柄ものとしての好感度ナンバーワンは、文句なく黒と白の〝千鳥格子〟と言っていいし、黒と白のドットも、また時代を超えた好感度柄の定番。しかし、黒と白のボーダー柄となると、そのシマの太さや黒と白のボリュームのバランスによって、好感度にバラつきが出てくる。また一方、たとえば衿元だけが黒か白の場合、黒地に白衿といったふうに、黒地分量が多いと清楚に見えるが、白地に黒いエリだと、アダっぽく水っぽく見えたりするというふうに、黒と白のバランスの違いで、イメージががらりと変わってしまうことを忘れずに。

そこで、好感度のひとつの基準としてほしいのが、マリンの匂いのするボーダー柄。いわゆるマリンルックにおける黒と白のカラーバランスは、ある種の黄金バランスと考えていい。

黒と白にはもともとカジュアルなイメージはないのに、マリンのボーダーバランスには、クラブファッションとしてのカジュアルリッチな印象が濃厚に入ってくる。クラブファッションは、男女の別なく、好感度ファッションの象徴。ネイビー×白のマリンは少々子供っぽいが、ブラックマリンは大人のもの。黒と白のバランス計算のひとつの目安にしてほしい。

女は未だに、女っぽく可愛い服のほうが男に受けると考えがち。でも現実には、キュートなデザインのロマンティックな服よりも、どこか潔いクラブファッションのような〝制服〟感が漂う服、そして育ちのよさそうなカジュアルリッチのほうが、よほど男に支持されることを知っておこう。

黒・洗練のコツは黒カジュアルにある

洗練と野暮が混在しているのも、黒の大きな特徴と言っていい。つまり、フッと気を抜くと、すぐダサくなっちゃうのが黒。ではその、洗練と野暮の境目はどこにあるのか？

明らかなタブーは、正装の遺伝子を持っている黒を何の工夫もアイデアもなく中途半端に〝正装〟っぽく着てしまうこと。黒の別珍のワンピースに何でもないカーディガンなんかを合わせてしまったら、もうアウト。黒の正装感は、ある意味、とっても取扱注意。テキトーに扱っては絶対にいけないのだ。

逆に、必ずスタイリッシュに仕上がるのは、黒をカジュアルに着る装い。黒に宿っている正装感が、カジュアルに表現することによって重さや硬さがちょうどよく抜け、品よくシックにまとまり、頭の良さそうな大人のカジュアルとなる。どっちにしろ、とてもバランスのいい黒となるのである。

そもそもオシャレな人がトレーニングウエアを選ぶと、だいたいが黒になる。黒のジャージーの上下に黒のキャップ、あえて他の色を絶対に混ぜない。オシャレを知る人ほど、黒一色にこだわるものなのだ。

それはスポーティーも黒という色を得て洗練されるし、黒もカジュアルに表現すると洗練される、究極のベストコンビだからなのだろう。

同様にカジュアルのうまい人は、黒を本当にうまく使う。マリンもネイビーではなく黒で表現すると野暮ったくならないという話をしたが、デニムのさし色も黒に転ばすとがぜんオシャレになる。黒をカジュアルに着るって、じつはとても高度でクラスの高いオシャレなのだ。だからこそ、デニムにも黒！　黒×デニムをさらりと決める女は、知的なセンスの持ち主としても尊敬される。かくして今、女受けを狙うなら、黒×デニム。

いずれにせよ、黒はひとつの死角になっている色。今こそもう一度、カジュアルにおける黒の威力を見直したい。

衣替えってホントに必要？

近ごろの異常気象は女のセンスの基準を変えた

人より半歩先行く〝季節の先どり〟が、オシャレの鉄則……ついこの間まで、そう言われていた。まだみんなが冬物を着ている3月の初めに、パーンと明るく軽やかなスプリングコートを着てしまうこと。まだみんなが夏服を着ている9月半ばに、いきなりカシミアを着てしまうこと。

〝人より早いこと〟それ自体が〝オシャレ〟なのは確かだが、そういうふうに、周囲から不意に浮くことで〝新しい季節の訪れ〟をファッションによって告げることができる人は、なおさらオシャレに見えるのだ。

もちろん早さで目を惹くなら〝新作〟に限るが、早々と〝新作〟を買う心意気や、バーゲンを待たずに早々と正規で買う経済的ゆとり、そして〝新作の服〟自体がもっているパワー……それらが相まって存在を際立たせる。

かくして、スピード感ある衣替えは、オシャレのひとつの〝決め技〟だったわけだが、近ごろは、むしろ季節破りのファッションこそオシャレに見えたり、シーズンレスの服がどんどん定番化したり、また異常気象の影響もあったりで、少し事情が変わってきた。〝人より半歩早い衣替え〟というのが、スムーズにできなくなってきたのである。

昨日は気温が10度しかないと思ったら、今日は20度を超え、でもまたその翌日は10度に戻ってる、みたいな行ったり来たりのありえない気温の変化で、街のファッションはすっかり混乱をきたしてしまっていて、冬物を着る人あり、春物どころか夏物を着る人あり、すべてのシーズン服が一度に出そろってしまう今の街中では、〝半歩先の季節先どり感〟なんていう、微妙なオシャレなどやっていられない。やったとしても誰も気づかない。つまり、もう単なるシーズン先どりファッションでオシャレをアピールする時代じゃないのである。

とはいえ、ファッションで季節の風を感じさせて人をハッとさせるのは、やっぱり今尚紛れもないオシャレ。だから〝半歩先〟ではない、別の方法を狙うべき。

たとえばそれが、〝シーズンミックススタイル〟とも言うべき新しいコーディネートの流れなのである。シーズンそのものを遊んでしまう、異なるシーズン自体を枠にコーディネートするという考え方。そこで今、〝脱、単純衣替え〟ファッションを考えてみたい。

シーズンミックススタイル、それは今、最高に高度なオシャレ

半袖のトップスはもちろん春夏服、そこに秋冬の厚み感をもつ表革のロングブーツを合わせてしまう……これがシーズンミックススタイルの基本形と言えるもの。明らかに異なる季節のアイテムを、思いきってひとつの体にコーディネートするのがルールだが、かと言って、あったかそうなモコモコのセーターに、ボトムは一転寒々しくミニスカートにナマ脚、サンダル……はありえない。〝シーズンミックス〟のアイテム選びはこれはこれでまた、とても高度なセンスとテクニックを必要とするのである。

それは言わばボリューム計算が瞬時にできるバランス感覚。モコモコセーターにナマ脚サンダルでは、あまりにも頭でっかちで安定感に欠ける。見た目にも収まりが悪くて、ファッショ

ンとして美しくない。そういうことが感覚としてわかることが、この場合のバランス感覚なのだ。

同じバランス感覚でも〝色彩感覚〟は〝色彩学〟というきっちりした法則をベースにできるから、まだしも操作しやすいのかもしれないが、このボリュームのバランス感覚は、まさに感覚だけで釣り合いをとるもの。いってみれば綿の1キロ分と金塊の1キロ分を目分量だけで釣り合わせてしまうようなこと。そういう能力はむしろ運動神経のようなもので、理屈ではないのである。

だから袖なしのトップスにブーツを合わせた時、少し上半身が軽すぎると思ったら、そこにすかさずボリュームたっぷりのストールを加えて。首にくるりと巻ける今どきのコーディネートも、要は重さを釣り合わせる運動神経から生まれたものに他ならないのだ。

そしてまた袖なしトップスにロングブーツだと、やはり重心が下に行きすぎるからスカートをふわふわした軽やかな素材のものにする。そういう計算が鏡の前ですっとできてしまうことが、シーズンミックス成功のカギなのである。

うっかり間違えたハズシと確信犯的なハズシは、天地の差

オシャレにおいていちばん情けないのは、〝場違いな服〟を、うっかり着ていってオドオドすること。オシャレばかりは言葉による言い訳がまったくきかないし、その〝場違い感〟で、周囲の人にまで居心地の悪さを感じさせてしまう。その場の雰囲気を壊してしまうからである。

ところが堂々と場違いをやると、またそれが高度なオシャレだと、逆に周囲はヤラれたと思う。今はＴＰＯがあってないような時代。確信をもった場違いが、〝洗練〟に見えることも少なくない。パーティにデニムがＯＫになったのも、そんな場違いの〝迫力勝ち〟がきっかけだった。

季節ハズレの服も同じ。ハズすなら堂々とやるべきだ。いちばんいけないのが、どこか自信なさげだから、〝うっかりミス〟か〝センスがない〟かどちらかに見られてしまうこと。確信犯的に狙いすまして大胆にハズさないと、あらゆるオシャレはオシャレには見えないのだ。そ

して失敗しない大胆さのキモはと言えば、ゴージャス。真冬のヘソ出しも、ゴージャスなファーコートをガバッとはおっていれば寒く見えないはずなのだ。

ちなみに寒風吹きすさぶ真冬のレッドカーペットの上を、裸のようなドレスでねり歩いても、オートクチュールのドレスだから悲しく見えないし、存在自体が文句なくゴージャスなオスカー女優だから、寒く見えない。大切なのは、結局そこかもしれない。存在自体がゴージャスな女でないと、残念ながら大ハズシも確信犯に見えない。うっかりミスに見えてしまうから恐いのだ。

そもそもゴージャスなハズシこそ成功率が高いのは、クラスの高いリッチな女ほど、〝季節の過酷さ〟とは無縁の生活とオシャレが楽しめるという立場にあったから。真冬に、裸のような格好で過ごせるのも、あったかい部屋と送り迎えの車があるから。そのノリで、ある種世間知らずにノーテンキに、季節をはずしてしまうほうが、結果うまく行く。シーズンミックスも高飛車なくらい気取ってやろう。

やせガマンがバレバレの装いは、ただの季節ハズレ

さて季節ハズシも、たとえばまだ汗ばむような暑さの中で、いかにもポカポカな厚手のツイードにブーツというういでたちは、それがいかにトレンド先どりでも、見る人をも暑苦しくするから美しくない。もちろんオシャレには、多少のガマンも必要だ。上着をはおったら美しくないドレスは、少し寒さをガマンすべきだし、ファーのオシャレで決めた日は、いくら暑くなってもファーのストールをはぎとってはいけない。

でも、そのガマンが他者に伝わってしまうようだと、たちまちオシャレではなくなってしまう。すべてのガマンはムダになる。見る人までが寒さや暑さを感じ、不快感を覚えると、美しさは台無しになってしまうのだ。美はいつも、見る人を心地よくさせるものでなければいけないからである。

そして、実際は少し寒くてもどうしたら他人の目には寒々しく見えないか、どうしたら暑苦しく見えないか。見た目に〝快適そう〟に見せる能力も、やっぱりファッションセンスのうち

であると思うのだ。たとえば寒い日の肌見せ服も、首元にボリュームあるジュエリーをドカッとしていると寒く見えない。そんなジュエリーで実際にあったまるはずはないが、それでも見た目の寒々しさは随分と緩和される。

逆にブーツはさすがに暑苦しいかも、と思う日も、バッグを革素材からカゴ素材のものなんかに替えてみると、これまた、身体的に実際涼しくなるわけでは全然ないけれど、不思議に体のまわりの空気が摂氏5度ほど一気に下がって見えて暑苦しさがなくなるのだ。

これは同じバランス感覚でも、気温と体温のバランスを見た目の工夫でコントロールする、温感バランスと言えるもの。そういう感性を駆使して、見た目には快適そうなのに思いきって季節をハズしたオシャレができたら、それは本当に粋である。

12月のパーティで、Tシャツにファーのベストだけで現れた人がいて、たぶんけっこう寒いのだろうが、あまりの迫力とオシャレさにこちらが寒いという感覚を忘れて見とれたことがある。たぶん、そのコーディネートが群を抜いてオシャレなら、それだけで不快指数がゼロになる。オシャレな人って、それだけで熱さも冷たさも両方宿らせてしまうから、寒くも暑くも見えないのだ。オシャレってそこまでパワフルなのである。

それでもイザとなれば四季をていねいに着られる女が美しい

シーズンミックスや季節ハズシは、やりはじめると必ずエスカレートする。インパクトも強く、決まった時の成果が大きいからクセになるのだ。

そのうち、自分のワードローブを季節によって分けたり入れ替えたり、そういうことすらしなくなるのかもしれない。それは、オシャレの幅を思いきり広げてくれる一方で、何か一抹のさみしさをもたらしたりもする。

まず〝衣替え〟という言葉には、きっと誰もがちょっとした輝きを感じているはずなのだ。6月と10月、年に2回の衣替えは、まだ寒いとか、まだ暑いとか、文句を言いながらも、初夏の光の中で白いセーラー服を着ていく初日や、逆にずっしりと重いネイビーのジャケットに着替えて、少し冷たい空気の中を歩いていく朝、そのつど身が引きしまる思いがしたもの。年に2回、身も心もリセットされるような、そして浄化されるような、ちょっとした快感を覚えたもの。たぶんその感じを体が覚えているからなのだろう。

そして、その季節季節に忠実な服を着ることは、〝衣替え〟同様、そのたびに気持ちが凛とする行為でもある。完全にシーズンレスになってしまうと、ハワイに住んで服に関心を失ってしまうように、着ることに対し熱意や緊張感がなくなったりしないか。着ることにだらしなくなったりしないか。そうならないために、オシャレ用の新しい季節感を養っていったらいい。

まず、コンサバ服は季節をきちんと感じつつ、ハズシのない服を正確に着たほうがたぶん、自分も周囲も心地よいはずである。特にシンプルなスーツやツイードのジャケットみたいなものほど、3シーズン着られます、みたいな決まりものを買わずに、春と秋で色も質感も微妙に変えるみたいなこだわりをもつと、人はもっとオシャレに見える。

逆に、デニムはもちろん、レザーもの、ざっくりセーター、ブーツ、ふんわりスカート、サンダル、ロングストール、ファー小物などは、一年中身に着けられるものをさがす。いや一年中平然と身に着けてしまうのだ。すると、シーズンミックスがもっと楽にこなせるはず。

かくして、細かく四季を着分けるオシャレと、シーズンミックス、両方を自在に操れる女が、今いちばんカッコイイ。

日本人は、世界でいちばんオシャレになったか？

日本にいると世界一オシャレなのに、外国ではなぜ小っちゃく見える？

日本の女は、本当にオシャレになった。それにキレイにもなった。おそらくそのレベルは世界一……。日本に来た外国人は日本女性がみんなオシャレで驚くと言うし、逆に日本人が海外に行くと、自分たちがいかに日頃キレイにしているかを思い知る。どっちにしろ、日本女性のオシャレ水準は世界一と自負していいのである。

ところが、だ。そんな世界一の日本女性も、外国で見ると、これが不思議に精彩を欠いてしまう。何だか妙に小っちゃく見えたりもする。もちろん、海外でもちゃんと光り輝く日本女性はいるけれど、ずばり言ってしまえば、平均的に存在感が薄いのだ。おそらく、日本の女は世界一〝平均的にオシャレ〟なのだろう。

つまり、その〝世界一〟は、みんなで一緒に勝ちとった称号。みんなが70点ならば、総得点として、ダントツの1位になれるに決まってる。〝平均点の高さ〟が世界一なのであって、ひとりひとりの力量が世界一なのじゃない。だから、海外に行って単体勝負となると、むしろ逆に弱々しく見えるのじゃないか。

加えて、主に欧米諸国への旅に出て日本女性よりも目を惹くのは、中国人なのか韓国人なのか、それともシンガポール人なのか、ともかく私たちとよく似たアジア人。彼女たちのほうが、ひとりになった時の存在感は強い気がするのだ。ついでに言えば、タイとかベトナムとかインドネシアとか、東南アジアの女性たちも、海外で見ると日本女性より力強い。これはひとえに、彼らが〝自国的ムード〟やアジア人としての個性をちゃんともって海外に出かけているからだと思う。

少なくとも中国人が欧米で目を惹くのは、ストレートの黒髪をギュッとひっつめて、スッピンぎみの顔で堂々と背筋をのばしてる……まさにアジエンスみたいに凛とした強さで迫ってくるから。向こうではそういうアジアン・シンプルがズバ抜けてエキゾチックセクシーに見えるのだ。

だから私たちも海外に出る時は、〝日本人〟をもっと自覚しよう。それこそ、日本の女が世界一と、力強く訴えるつもりで、〝国家の品格〟をもって海外に乗り込もう。日本では今ウエービーロングがオシャレ水準をあげているが、やっぱり黒髪ストレートでないと世界を嫉妬させられないのかもしれない。

リゾートでは一転、頑張りすぎて浮く

ただしリゾートでの日本女性は、その多くがひとりひとりちゃんと強い存在感を放っている。今度は逆に、ちょっと浮いてしまうくらいに……。

日本女性は、昔からリゾートファッション、とりわけ海外リゾートとなると、頑張りすぎる傾向にある。リゾートとは本来、心身ともに安らぎに行く休息の旅なわけだが、人目を意識しすぎると、休息には見えず……浮く。そして頑張りすぎたリゾートファッションは、宿命的にケバく見えるのだ。

高級リゾートのプールサイドには、人目を意識しまくるブロンド水着美人もたくさん出没す

る。けれど、彼女たちの頑張りは、なぜか米『プレイボーイ』誌のグラビアを飾るプレイメイトみたいに見えることを考えれば、リゾートでは、頑張るほどにミズっぽく見えるというリスクを伴うのがわかるはず。外国人がリゾートで頑張る日本人女性をどう見ているかはわからないが、ひょっとして、「現代のゲイシャ?」なんて思っていたりして。

もちろん、リゾートでも最低限、人目は意識すべき。しかし、欧米人にとってのリゾートの意味は、日本女性が思っているリゾートとは微妙に異なるのだ。どちらかと言えば彼らにとってビーチは、まったくの素にもどって人目を気にせず太陽や海や砂浜と戯れるところ。つまり、他者の存在はお互いあまり気にならないからこそヌーディストビーチが成立する。日本女性のように、休息を楽しむ以上に、キレイであること、オシャレであることを意識しすぎると、その意識だけでもう存在が浮いてしまうことを覚悟したい。

少なくとも世界基準で言えば、リゾートはナンパされに行くところではない。海外リゾートのビーチでのナンパ率はきわめて低く、日本のビーチの2〜3割。だからまず全身の力を抜くことから始めよう。リゾートで目立つ人って、皮肉だけれど、絶対人目を意識していない。人に見られることより遊ぶことに夢中なのに、なおも一番好きなものを着てオシャレをするから、また人目を惹いてしまう。そういう女が本当のリゾート美人。

結局、日本の女のカッコよさを訴求できるのは〝躾ある女〟だ

海外で日本人に出くわした時、あなたはどういう女性を「ステキ！」と思うのだろう。少なくとも、日本にいる時に憧れをもつタイプとは少し違うのではないだろうか。

日本では、モデル体型でトレンドを上手にこなす女性がカッコ良く見えるけれども、外国へ行くと不思議なことに、プロポーションやファッションが、日本にいる時ほど気にならなくなる。むしろ外見からにじみ出る〝正しさ〟や女としての〝質の高さ〟みたいなものこそをカッコイイと思うようになるはずなのだ。

日本にいると当然のことながら、今の日本に息づいている小さめの価値観で女同士相手を評価してしまうが、海外に行くと頭から日本の価値観がすっかり消え、世界共通の普遍的な価値観に切り替わるから、カッコよさの基準も変わるのだ。

その結果、海外において一番カッコ良く見えるのはひとことで言って〝躾のある女〟。日本女性の美しさを前面に出していく人がカッコイイのはもちろんだが、あまり自信満々でもいけ

ないし、外国雑誌の〝日本特集〟みたいに、日本で見たら少し変、ちょっとバランスの悪そうな〝日本的〟もいただけない。むしろ日本の良識をちゃんともった、いかにもバランスの良さそうな正しい女がちゃんとカッコ良く見えるはずなのだ。

加えて言うなら、バイリンガルであること。旅先においては、それもまた躾の良さに見える。きちんとコミュニケーションができる女は、不思議に小っちゃくまとまって見えないのだ。世界共通の普遍的価値観をとても自然にファッションに生かせているのも、やっぱり最低限英会話ができる人ってことになるのだろうか。

たとえば、海外のホテルで働く日本人スタッフが、コスモポリタンを気取るでもなく健気に仕事する姿がカッコ良く見えるのも、現地になじんでいながらも〝躾ある女〟だから。海外でも日本的な躾が行き届いている〝日本人として正しい女〟がカッコイイ。それが外見からにじみ出ていること……世界に通用する〝スタイルある日本女性〟って、そういう人のことを言うのじゃないか。

今、再び日本の女のＴＰＯが危ない！

'80年代、「日本の女にはＴＰＯがない」と言われた。休日デートも平日のオフィスと同じヒールをはき、ワンピースを着て出かける。逆にリゾートではディナーにさえ、ショートパンツで出かけてしまう……。服の臨機応変がまだ育っていなかったのだ。でもその後の日本の女の成長は目覚ましく、カジュアルという概念をしっかりマスターし、その一方でドレスアップも自分のものにした。

たぶんその時点で、日本の女は紛れもなく〝世界一オシャレ〟になったと思う。でもそこで止まっていればよかったのに、日本の女は益々カジュアルがうまくなり、オフィスにまでカジュアルをどしどし取り込むようになり、勢い余って、オフィスにリゾートみたいな露出のまま出かけるようになる。つまりそこでまたＴＰＯがくずれてしまったのだ。

ハッキリ言って、ＯＬがここまで露出の多いカジュアル服で会社に出勤する国は他にない。それどころか欧米でも他のアジア諸国でも、以前にも増して仕事場では粋なビジネススーツが主流になっているとも聞く。それはたぶん女が男と同等の立場で仕事をしていく時代だから。かつて、女がオフィスに〝華をそえていた時代〟は、どこから見ても女でよかったが、仕事っぷりが男並みになるにつれ、先進国の女の服も、ビジネススタイルとして洗練度を増したからなのだ。

日本の女のＴＰＯだけが、そこを外してしまっているとしたら残念なこと。そしてオシャレとは、そういうＴＰＯを極端に着分けることを言う。とすれば、完全なるリゾートから、イブニングドレスを着るような正式なパーティ、そしてもちろんビジネスシーンまで、暮らしそのものに幅や奥ゆきのある人じゃなきゃ本当に質の高いオシャレはできないことになる。日本の女の生活にもそういう幅はあるのに、そしてセンスもちゃんと身につけたのに、もったいない。

ひょっとしてリゾートでオシャレをしすぎてしまうのも、オフィスでリゾートしてしまっているからじゃないのか？　これからは益々ある意味でのクールビズが進みそうだが、そこでリゾート風にならないクール服を選べる人はオシャレ。また、そういう人ほど、リゾート服もうまいはず。

ＴＰＯがないところにオシャレは成立しない。だからもう一度、ていねいにＴＰＯを着分けることから始めたいのである。

旅先で目を惹く鍵は、やっぱりお金持ちの匂い

海外へ一歩出ると、日本の女よりも他のアジア諸国の女たちのほうが、むしろ目立っていたりすると言ったが、そもそも日本くらい20代女性が贅沢に旅を繰り返している国はない。アジアの中でも、〝若い女性がバンバン旅行なんてできない国〟の旅行者ほど強い存在感を放っているのも、彼女たちは自国ではそれなりのお金持ちだから。しかもアジアのお金持ちには、なぜだか〝他の人とは違う〟系オーラが漂っているから、それに〝オシャレな日本女性〟も負けてしまうのである。

旅先とは不思議なところで、特にリゾートではアガサ・クリスティが描いたように、いろんな背景をもって集まってきた旅行者ほどそれぞれ神秘的に見える。そして神秘的なほど旅行者は格上だ。プールサイドで本を読んでいる佇まいだけで、誰よりドラマティックでゴージャスな背景を想像させる女が、旅先ではやっぱりいちばん美しいのだと思う。

別に〝お金持ち〟でなくてもいい。そしてことさら高価なものを着ている必要はない。でも、ゴージャスな空気感だけは、体のまわりに漂わせてほしい。それがそっくり存在感に変わるから。旅先のオシャレではそれが何よりのキモなのだ。

もちろんバックグラウンドを装うことはできない。でもオシャレがうまい人、センスがいい人って、それだけで高そうな空気を放つから、まず間違いなく、お金持ちに見えている。とりわけカジュアルな装いに背景をかぶせていく旅のオシャレではなおさら、センスのよさがそのままお金持ちオーラにつながると言っていい。オーラをわざわざ装うのではなく、センスのよさを印象づければいいのだ。

旅先ではだいたいいつも白を着ると言った人がいた。サンドレスも白、水着も白……すると2日目、3日目、何となくホテルの中ですれ違う宿泊者の視線が変わってくる。ちょっと眩《まぶ》しそうな目になる。お金持ちな女はみんなそういう目で見られるが、旅先ではそれが、オシャレの成功。別にだからって、何か大きな得をするわけじゃないけれど、でも海外で眩しい女は、もう間違いなく人生が丸ごと眩しい女。

だから日本の女にとっての次のテーマは、どこの国に行っても眩しくあること、かもしれない。

女は頭で痩せる、服で痩せる

痩せ方も美しくないと女は痩せない

オシャレめのスポーツクラブほど、全面ガラス張りで、オシャレめの会員ほど、外からよく見える場所でトレーニングをしている……すでに見飽きてしまった光景だが、あらためて考えた。トレーニングする人はなぜ、それを人に見せたがるのか？

以前、iPodのイヤホンをつけて、エアロバイクをこぎながらＶＯＳＳのピュアウォーターを片手に、文庫本を読んでいた女性が、外からいちばんよく見える位置にいて、なぜそこまでやるのか？　と思ったことがあるけれど、おそらくはそれも〝きれいに痩せるプログラム〟の一部だったのだろう。

当時はジムに通うことそれ自体がファッションだったが、それはカッコ悪いダイエット法ではカッコよく痩せられないことにみんなが気付いた証《あかし》でもあったと思う。

いかにして痩せるのか？　その姿も美しくないと、美しく痩せない、痩せようとしている自分に酔うくらいでないと、きれいには痩せられない……それは究極のナルシシズムだが、現実にそれくらいナルシストじゃないと、きれいに痩せられないとたぶんみんな気付いたのだ。

従って、そのトレーニング姿を誰か人が見てくれないと、女は痩せない、見られていることを意識しないと肉は締まっていかない。見られることによって初めて、細胞のひとつひとつが、痩せている女の細胞に切り替わるのだから。

けれどもちろん、トレーニング中、動くたびにたっぷりの肉が動くようでは、その姿を人には見せられない。だから、見るからに太っている人は、見せることが心地よいくらいまで痩せてからでないとそこへ行けない。ただ体づくりの仕上げは、必ず美しく。見苦しく、苦しみ抜いて減らした肉って、かえってリバウンドしてしまいがち。だからともかく最後は楽しく美しく痩せてる姿を人に見せよう。

女のプロポーションは、ガラス張りのガラスの真ん前でペダルをこげるくらい、見せたいほどの体になってからが勝負なのである。

自分自身に自分の体を見せつける。それがもうひとつのトレーニング

スキンケアの世界にも、〝鏡を見るだけのナチュラルリフト〟という考え方がある。鏡を見ずにいると、顔の肉が知らず知らずたるんでくる。だから女は頻繁に鏡を見続けなければいけない。自分を自らの目で見ることで、こうなりたい、こうありたいという形に整えていく。視界がもたらすリフト効果を働かせるのだ。

体づくりでも同じ。しばらく自分の体を見ないでいると、それだけで体の線はゆるんでくる。だから自分の体を自分自身に見せること、見せ続けることは、トレーニングの第一歩なのである。

で、自分に自分を見せるためには、言うまでもなく鏡が不可欠で、かつて世紀のセクシーボディを誇ったフランス女優、ブリジット・バルドーも、映画監督である夫ロジェ・ヴァディム氏の指示により、どっちを向いても鏡ばかりの家で、日常をずっと裸で過ごしたという。食事をする時も、ＴＶを見る時も、コーヒーを入れる時も……。裸の体を自分に見せることで、魅

せる体をつくっていくためである。逆を言えば、そうでもしないと自分の体を自分に見せ続けるなんて不可能。人は自分の体の形をあんまりよく知らないというのに。

でもだからこそ、ジムに通うって大きな意義があること。自分の体を鏡に映し、意識し続けることができるから。スカートやパンツをはく時、いつもくびれを気にしているつもりでも、他人の目から見てどうかという、客観的な見方をしていない。そういう目で体を見つめ直す時間が女には必要だからである。

ジムへ出かける時って、当然のこととしてみんな下着選びから慎重になるはずだが、それも他人に見られるからばかりじゃない。外出先で自分に見せる自分の体をていねいに形づくりたいから。そうやって自分の体を客観的に見つめることは何より重要。体のナチュラルリフトのために。

どういう体になりたいか？　それをそっくりウエアに託す

くびれのない、ストンとした服を着続けると、どんどんくびれのない体になっていく……これはもう大なり小なり、多くの人が体験済みなのかもしれない。ヒップの形を気にして、パンツを避けていると、下半身がますますパンツの似合わない形になっていくことも……。

プロポーションづくりの荒技として、今は体におさまらなくても、こういう服がピタリはまる体になりたいという服を無理矢理買ってしまうという方法がある。昔着ていた服が再び入る体型に……というのは、ダイエット製品のＰＲの決まり文句だけれど、昔の服は所詮、昔の服。捨てるつもりだったかもしれないわけで、ここは本当の荒技として、理想の体型を描いた新しい服を買うことだ。

もちろんトレーニングウエアでも同様。あえて〝くびれ〟をあらわにしてしまうブラトップに、ローライズのパンツを用意する。肉がウエストにのろうがのるまいが、毎日ひとまず身につけてみる。それを人目にさらすことを許せなければ、露出のない別のウエアに着替えるという無駄を毎日でも繰り返すのだ。たとえ肉がゆるんでいても、思い切って、それを人目にさらすという、さらなる荒療治もあるけれど、そうするうちに、だんだん〝くびれ〟ができてくる。目が慣れてくるのじゃなく、欲しいくびれができてくる。

おそらく、そうやって〝くびれ〟をわざわざ目立たせるウエアがなければ、〝くびれ〟があるべき部位を〝くびれ〟として意識しなかったはずで、意識しなければくびれは永遠に眠ったままだったかもしれない。

着ることで体をつくるとは、そういうことなのだ。なかった形を、その形をした服でつくっていく。それは現実にありうる話なのである。

だからトレーニングウエアは、細くしたい、引きしめたいところを出す。そして毎回ひとまず身につける。決して無駄にはならないから。

スタイルがいいと思わせる服の形を知っておく、それも頭で痩せる方法

細くしたいところをあえて出す、醜い部分をあえてあらわにする。それも頭で痩せるひとつのテクニックだけれども、プロポーションがよく見える、痩せて見える服を確実に選ぶこともまた、頭で服で痩せる重要なテクニックなのだ。

なぜなら、自分はスタイルがいいのだと、自らに自覚させることがじつはとても大切だから。

明らかに痩せている人と、明らかに太っている人以外は、みんなこう思っている。そもそも

自分は痩せているのかいないのか、どちらだろう？　どっちとして生きているのか？　と。ただし〝中肉中背〟の部類に入る女性は、みんな〝自分は太っている〟と主張する。よくある肥満テストで〝痩せすぎ〟と測定されても尚、「自分は太っている」と表向き言うのが女。

しかし厳密に言うと〝自分は太っているのかもしれない〟という不安を抱えながら、でも本当は痩せているのだとどこかで信じてもいる。いつもふたつの答えを行ったり来たり揺れ動いていて、「私、痩せなきゃ」と言って「ちっとも太っていないじゃない？」と言われると、そうよ、私は痩せていると思えたりもする。

だから大切なのは自分は痩せているのだという自覚なのだ。〝痩せている女〟の部類に入ると、決してこのワクから外れてはいけない、いつもキレイでなきゃいけないという軽い強迫観念に自らを追い込むから。モデルはだから太らない。これが少しでも〝太っている女〟のゾーンに足を踏み入れ、〝太っている女〟を自覚してしまうと、女は不思議にこう思う。「そのうち何とかするわ。そのうち痩せるわ」なぜか多少の猶予を自らに与える。それが、痩せない原因だとも言われるのに。

だから必ず痩せて見える服を着る。裾も袖も、足と腕のいちばん太いところが隠れる丈がいちばん痩せて見えるし、たとえばヒザが少し隠れるくらいのクロップトパンツもいちばん細く見える服。多少ゆとりがありながら、ストンとフィットする服もいい、そういう服を毎日着続けると、周囲も自分も痩せている女と見なすようになり、わずかな気のゆるみも忍びこまなくなる。ギリギリ、〝痩せている女〟のゾーンに入っているから利きまくるブレーキ、これがカギ。

体を鍛えている女のファッションはなぜ頭がよく見えるのか？

筋肉が必要以上にムキムキしている男って、ヒマさえあればジム通いしてそうで、じつはあまり知的に見えない。ところが不思議だけれど、女の場合は逆。

36サイズの入る細い体をしていても、筋肉のないただただ細いだけの体にはあまり知性を感じないが、引きしまった細さはとても知的だ。もちろんいかにもな筋肉が目に見えていてはダメだけれど、弾力あるインナーマッスルが感じられる細さは美しいだけじゃなく、頭がよさそうに見えるのだ。

それは体つきが生き方やモノの価値観までを物語るから。ダイエット食品やサプリメントや単に食べずに痩せた体には、やっぱり〝精神〟というものを感じないが、体を鍛えて筋肉で引きしまった体には、何か凛とした精神性や毎日をきちんと生きている心がけみたいなものを感じる。つまり生きる姿勢のよさみたいなものまでが、そのインナーマッスルにダブって見えてくるのである。

そして、筋肉をつけた女はみんな口を揃えて言う。筋肉がつくとなぜだか生きることに対してとても前向きになれる。できないと思っていたことができそうに思えたり、やってしまおうと思えたり、ともかく心が強くなる。まさしく精神までが凛とし、心がしゃんとする。それが知的な匂いの正体。

そう、だからジム通いするための服にはなんだか独特なインテリジェンスが漂うのだ。それがたとえ着崩したジャージー素材の服であっても、しっかり生きている知的な女に見える。そもそもが、日常の中にスポーツシーンを持っている女には、幅広い趣味と充実した生活、人生の奥ゆきを感じる。スポーティカジュアルの似合う女がとても高そうに見えるのはそのため。

だから女はただ痩せるだけじゃない。トレーニングウエアが映える痩せ方。ジム通いの服が似合うプロポーションと美しさがほしいのである。女の体において筋肉は知性。都会で働く女には不可欠な美しさである。

食べている時の〝オシャレ〟について

ひと目でわかるおめかしは、相手に対する敬意である

その日の食事はどんな店でのどんな料理か？　ジャンルやランクで装いをどこまでコントロールできるか、そこで〝女のセンス〟と良識が両方同時に問われるわけだが、ある人は、それが焼き鳥屋であろうと居酒屋であろうと、誰かとディナーを共にする夜は、精一杯のおめかしをして出かけるのがマナー、相手に対して敬意を払うことだからと言った。

確かにひと目でわかる〝おめかし〟は男を喜ばせる。相手が女性であっても同じ。会食でのおめかしは、〝あなたとの時間〟を重要に考えている、という想いの表れだからである。

そもそもディナーの格は、女の装いが決めると言ってもいいくらい、女のオシャレもごちそ

うのうち。昼の服と夜の服が分けられている欧米では、ディナーの席につく女性は、きちんとそれとわかるオシャレをしていて、だから、ちょっと名の知れたレストランの夜は、どこも上質な空気に変わる。雰囲気をつくるのは、まさに私たち女なのだと思い知る。

けれど欧米人のディナー服は、なぜかとてもシックだ。それもディナーの時間を上質なものにするための、〝大人の女の配慮〟だからである。従って私たちが考える〝勝負服〟とは明らかに違う。勝負服は自分自身をどんとアピールする装いなのに対し、シックなディナー服はちょうど雰囲気のいい間接照明のよう、心地よいジャズや室内楽のBGMに近いもの。自分ひとりのキレイを主張せず、むしろ大切な時間の充実のために、相手を快適にするために、自分を少しだけ抑えて優しく添えるように対座する……そういう配慮ができるのが、大人の女。そろそろそういう心境になってもいい。

ディナーに誘われたら、ちょっとこの話を思い出してほしい。大人の女は舞台の質を高めることで、結果的に、自分を輝かせる。それはもっとも高度な演出法であることを。

誰をも不快にしない女が、いちばん美味しい

食事の席では、思わぬところで人の本質が見え隠れするもの。たとえば食事の最中に「ここの料理、味がいまいち……」なんて口にするのは、基本的に間違い。悪口は、それだけで食事をまずくする。いかにまずくても、お店を出るまでは口にしない。そのほうが、女はカワイイ。料理をマズイと文句を言う女は、決して美味しそうには見えないのだ。

まさか、招かれておごってもらうのに「料理がマズイ」と文句をつける女はいないだろうが、店を選んで予約したのは自分じゃないのに、「ここ、いまいち」とうっかり言ってしまうこと、少なくないのかもしれない。むしろここでは、店を探し〝予約〟した人をねぎらって、料理がいまいちなら、ムードがいいとか、サービスが悪くないとか、何かしらいいところをさがすのが、女のたしなみ。料理が美味しければ、それだけで幸せを相手と共有できるが、料理がマズい時ほど、さまざまに心を砕き、その数時間を幸せな時間にするよう工夫すること、女にはそういう義務があるのだ。だから基本的に笑顔ですごすべきだし、肌もとりわけキレイで

なきゃいけない。化粧もどこかジューシーなイメージで。

そして食事に誘われた女には、誰もキズつけてはいけないというルールがある。美味しい料理を残してしまったら、「ごめんなさい、お腹がいっぱいなので」とひと言添えるような。それもこれも、美味しそうな女になるため。だからこそ女は食事の席では、気取っている場合じゃないのである。味覚が全開となるシーン。女も五感で魅力を測られていると心得て。

ただし、香りは言うまでもなく控えめに。特に、お寿司屋での香りづけはマナー違反と言われるが、ジャンルを問わず、食事のメニューが全体にライトで繊細になっている今は、どこまでも香りは抑えて。逆に2軒目はとことん香り高い女でいたいから、1軒目の店を出た時、タクシーに乗る前までに、手のひらに隠し持ったアトマイザーでこっそり香りづけをしてしまう。それもシュッと足もとへ。そこまでできると、女はもっともっと美味しくなる。

どんな状況変化にも追いついていけるのがスタイルだ

食事の誘いを受けた時、その相手に想いがあればあるほど、女は早々に〝その日に着ていく服〟を決めてしまう。そして、あとはただひたすらその日を待つのみ……。

でも、その日の朝になって、あるいは指定された店に行って、しまったと思うことがあるはずだ。たとえば大雨が降っていたら、オシャレの予定が大幅に狂う。決めていた服ではふわふわすぎる、決めていた靴では大雨の中を歩けない……と。そういう時って、変にあたふたして時間を使い果たし、結果としてどうでもいい服を着ていってしまいがち。

一方、行ってみたら靴を脱いで上がる店、ブーツをはいてこそ完成するオシャレが無残にくずれてしまったり、正座ができないパンツだったり、脚が醜く丸出しになるボトムを着ていっちゃったり……。現場であたふたし、しばらくは食事が喉を通らなかったりすること、あると思うのだ。

ちなみにお座敷ならば、くずした脚もすっぽり隠して上品を保てる上に、シワも気にせずに食事に没頭できる〝ふんわりと裾の広がったスカート〟をはいてくるんだったのに……と、くよくよと後悔したりして。

ともかくその〝約束〟が大切な約束なら尚さら、当日のファッションは、あらゆる状況の変化、あらゆるアクシデントを想定したものでありたいわけだ。しかし、そこを外すとファッションがくずれるからいけないのではない。全身にあふれていた自信の輝きにかげりがさして、どこかオドオドしたような印象になってしまうから。これが女をいちばんくすませるからなのだ。

オシャレの状況は変化する。条件も変わっていく。それにあくまで追いついていくためにセンスが必要なのだと考えて。いずれにしても、失敗が起きるのは〝足もと〟。誤算が生まれるのは、靴やボトム、それだけはわかった。あらゆる場面を想定して柔軟に対応できるよう、靴やボトムをプランニング。食事の席では食事に集中するために、落ち度のない美しさを用意したいもの。どんな大嵐になっても……。

食事をするたび愛されるのは、間のいい女

これは理屈じゃない。でも世の中には明快に存在する。〝間〟のとり方がうまい人とヘタな人が。

たとえば、席に通されて一拍置いて、さあ私たち楽しみましょうと宣言するかのような、清々しい会話をすっとはじめられるのは〝間のいい女〟。逆にそのタイミングで「今日はあん

まりゆっくりできないので、よろしく」なんて言ってしまうのは、明らかに間の悪い女。

そしてスタッフが料理の説明をするために横に立つ時も話をやめない女も、出てきた料理をいつまでもダラダラ食べ終わらない、残すつもりなのか食べるつもりなのかわからない女も、逆にどの皿もアッという間にたいらげて、まわりを慌てさせる女も……。そして化粧室に立つタイミングも、「そろそろ」というタイミングも、こういう女はことごとく頃合いを外す。佳境に入った会話のピークで、自ら話の腰を折っていくのである。

逆に〝間のいい女〟はすべてがさりげない。知らないうちに料理をとり分けたり、相手の飲み物をおかわりしたり、すべてが気がつくと済んでいる。だから食事の相手は終始気持ちがいいし、この数時間の幸せを嚙みしめることになるのだろう。

レストランを出る時、〝間のいい女〟は相手に何とも言えない満足感を残すことになるが、〝間の悪い女〟は全編とつとつとした時間の集合で、相手に〝何かやり残した感〟をもたらすかもしれない。

だからそういう意味でも、センスのいい女になりたい。一緒に食事をするたびに好きになられる女って、要はそういう〝間のいい女〟に違いないから。いや〝間のいい女〟は次の約束もまたその次の約束もいつの間にかアレンジしていて、いつの間にか幸せになっている。〝間がいい〟って、そういうことなのである。

そして〝間のいい女〟は100%オシャレもうまい。だからセンスの有無が女の人生を左右するのである。

だから……女たちよ、〝スタイル〟を持とう！

過去に例がないほど、今、〝見た目〟の時代と言われる。ハッキリ言ってしまえば、〝内面の美しさ〟なんてこの際ちょっと後まわしにして〝見た目の美しさ〟を何がなんでも手に入れちゃいましょうという気運が、思い切り高まっている。

そうやって百歩譲って、〝心のキレイ〟と〝顔のキレイ〟は切り離せるとしても、〝頭の良さ〟と〝洗練〟はどうしたって切り離すことができないのだよという話をしよう。

そうなのだ、洗練された人は、頭もちゃんと良く見えるのだ。オシャレと知性ってうっかりバラバラにして考えがちだけれど、本当は切っても切れないもの。いや、女は、そこを切ってしまってはぜったいにいけないのである。

少なくとも今の時代、ちゃんとオシャレをしていたほうが、デキる女に見える。逆に言えば人並み以上の頭の良さがあれば、放っておいてもオシャレになってしまう時代なのだ。ましてや大人、ましてや社会人なら、多少のマナーがあるほどオシャレになってしまう時代なんである。

従ってスタイルのある女は、たとえば街でいきなりマイクを向けられても、ちゃんと意見を述べられるイメージ。月に何度かはコンサートに行ったり絵画を見に行ったり、いわばちゃんと文化に時間を使っているイメージ。何よりも会社では、男並みに仕事して、時には男以上にデキてしまう。でも、ちゃんと恋もしていて、でも休みの日には家事も料理もする……つまりバランスよく、何でもできる女をイメージさせるのだ。

女のオシャレは今、そんなことまで語ってしまう。だから〝見た目〟の時代なのかもしれないが。

ともかく頭がいい人の〝スタイルがある〟は、人と同じでない表現ができること。結果、会う人をハッとさせられること。あなたもひょっとすると、〝スタイルを持つ〟ってことを難しく考えすぎなのかもしれない。実際はもっと単純。人と少し違う表現ができるから、人をハッとさせられる……それだけでいいのだ。

でもオシャレってそれがいちばん難しいのじゃない？　でもだったら、繰り返しになるけれど、今日あなたが街で見かけてハッとした人の、何が自分をハッとさせたのか、それを思い出してひとまず真似してみればいい。それができるっていうのも、ひとつの頭の良さ。賢い女ほど真似がうまい。スタイルの確立もそこから始まるのである。

たとえば、〝合コン〟や〝紹介〟みたいに、男と女が初対面のくせに、いきなりお互いを評価し合うような時、〝スタイル〟の有無って相手にどのくらい見えているのだろう……ふとそんなことを考えてみた。

結論から言うなら、スタイルって1回目からちゃんと見えている。たとえば音楽でも、初めて聞いた曲なのに妙に耳について離れない、忘れられなくなる曲ってあるはずだが、〝スタイルのある女〟が自分のスタイルを形にしたオシャレで出かけてきた時、相手はたぶんそんな引きこまれ方をするはずなのだ。何とかして曲名を知りたい。このまま、わからずじまいにはしたくない。それは、人の心の琴線に触れた音だけに許される引力。スタイルというものが、人を威圧しないけれど、強烈なインパクトを持っているのも同じ理由だ。

〝スタイル〟って、どんなコンサバ服でも、ものすごく力強い、一度見たら忘れないほどの存在感を刻みつける。人と服が強く共鳴し合った時、単なるオシャレの力ではすまされないほど、強いオーラを放つものなのだ。

男たちに「どんなファッションの女性が好き?」と聞くと、じつはこういう答えが多く返ってくる。

「その子に似合っていれば、どんなファッションでもいい」

この答えを私たちはサラッと簡単に聞きのがしてしまいがちだが、じつはオシャレにおける、恐るべき重要なテーマがそこに隠されている。

その人に似合っている……それこそがスタイルがあるってことなのだ。人とファッションが一緒になって作りあげる、人を惹きつけるオーラ。まさに耳に残るメロディみたいに人を心地よくし、魅了し、忘れさせなくする。それがスタイルなのである。

もうひとつだけ。スタイルがある人は、朝、服選びやコーディネートにあまり悩まない。服の買い物もスムーズで、無駄な服もあまり買わない。従って、多くの女性が毎朝のように抱えこむストレスをためないのだろう。いつも穏やかな幸せそうな顔で生きられる。だから、その分だけよけいに人に愛される。オフィスでも恋愛でも。その結果、もっと幸せになる。そして人生がぐるりと丸ごとうまくまわる……。それこそが、スタイルの力なのである。

初出：Ｓｔｙｌｅ連載「齋藤薫　エレガンス現象学」(2003年７月号～2006年３月号)、「齋藤薫　素敵で不敵なSTYLE塾（2007年10月号より「スタイルのある女《ひと》がいちばんオシャレ！」と改題)」(2006年４月号～2008年11月号）より抜粋し、加筆訂正。タイトルは適宜改題した。

はじめに／書き下ろし
第１章／2007年１月号、2005年９月号、2004年１月号、2005年４月号、2006年７月号、2005年１月号
第２章／2005年５月号、2006年２月号、2005年７月号、2004年６月号、2004年５月号
第３章／2006年８月号、2005年10月号、2004年７月号、2007年12月号、2005年２月号、2006年１月号、2006年５月号
第４章／2004年11月号、2006年４月号、2005年３月号、2006年９月号、2006年６月号、2008年４月号、2007年11月号
おわりに／2006年11月号

装丁　坂川栄治＋田中久子（坂川事務所）

齋藤 薫（さいとう・かおる）
女性誌編集者を経て美容ジャーナリストへ。女性誌において、多数の連載エッセイを持ち、美容記事の企画、化粧品の開発・アドバイザーなどで幅広く活躍。『あなたには“躾”があるか？』（講談社）の他、『こころを凜とする196の言葉』（ソニー・マガジンズ）など著書多数。

されど〝服《ふく》〟で人生《じんせい》は変《か》わる
二〇〇九年二月二七日　第一刷発行
二〇〇九年五月二六日　第六刷発行
著者――齋藤《さいとう》　薫《かおる》

発行者――鈴木　哲
発行所――株式会社講談社
東京都文京区音羽二―一二―二一
郵便番号一一二―八〇〇一
電話　出版部　〇三―五三九五―三五〇四
販売部　〇三―五三九五―三六二二
業務部　〇三―五三九五―三六一五
印刷所――凸版印刷株式会社
製本所――株式会社大進堂
定価はカバーに表示してあります。

ISBN978-4-06-215210-5

こどものころにみた夢

豪華作家陣競演！

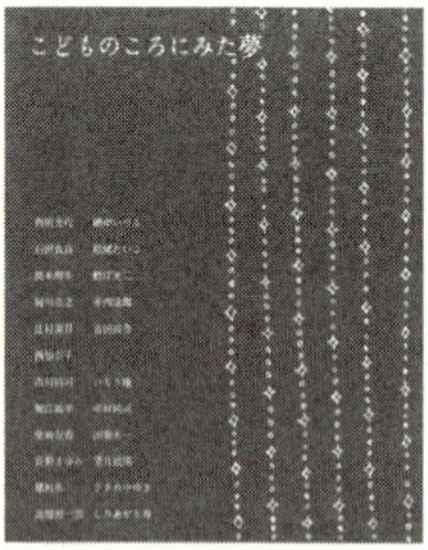

美しい絵とともに綴る
大人のための読む絵本

「怖い夢、切ない夢、おもらしの夢？」角田光代、石田衣良、阿川弘之、西加奈子、長野まゆみ、堀江敏幸、穂村弘ら12人の作家が綴る物語に、網中いづる、木内達朗らが美しい絵を寄せた、〝オールカラー〟のアンソロジー。ギフトにも最適な一冊。

定価一九〇〇円（税別）
ISBN978-4-06-214765-1

変愛小説集

岸本佐知子編訳

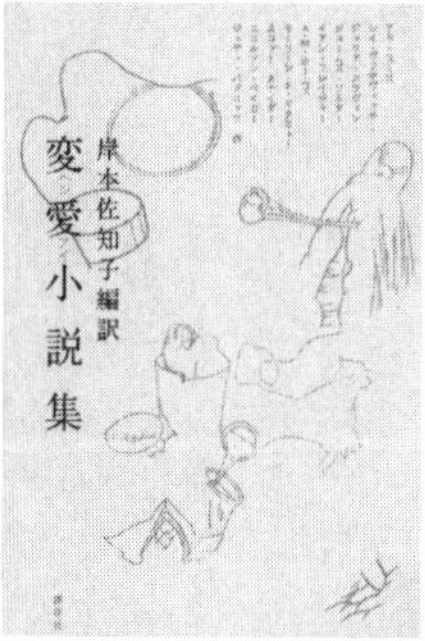

多数メディアで大反響！

「変」な「恋」の物語

「わたし、木に恋してしまった」狂おしいほどに木に恋をしてしまった話、体が徐々に宇宙服になっていく夫婦の哀しみ、妹のバービー人形とつきあうことになった少年……など、奇想天外なのに胸に沁みる「現代英米文学の変愛」11篇からなる小説集。

定価一九〇〇円（税別）

ISBN978-4-06-214544-2

顰蹙文学カフェ

高橋源一郎　山田詠美

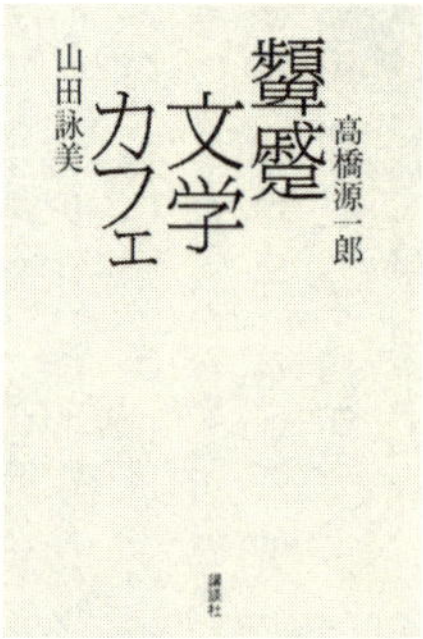

文学の今がわかる！
抱腹絶倒の鼎談集

「嗚呼ヒンシュクの人。その名は文士……」ゲストに島田雅彦、中原昌也、車谷長吉、古井由吉、瀬戸内寂聴、各氏を迎えた豪華鼎談集。知られざる作家の素顔、文学賞の裏側、生き残る作家の条件など、刺激的なテーマを語り尽くした面白すぎる文学鼎談。

定価１４００円（税別）
ISBN978－4－06－214706－4